ADAC
Reiseführer

USA-Südwest

Arizona Colorado Nevada New Mexico Utah

von Heike Wagner und Bernd Wagner

Intro

Unterwegs

Am Rio Grande – von den Wüsten Mexikos zu den Bergen Colorados 99

USA-Südwesten Kaleidoskop

Karten und Pläne

Service

Leserforum

Die Meinung unserer Leserinnen und Leser ist wichtig, daher freuen wir uns von Ihnen zu hören. Wenn Ihnen dieser Reiseführer gefällt, wenn Sie Hinweise zu den Inhalten haben – Ergänzungs- und Verbesserungsvorschläge, Tipps und Korrekturen – dann kontaktieren Sie uns bitte:

Redaktion ADAC Reiseführer
ADAC Verlag GmbH
Am Westpark 8, 81365 München
Tel. 089/76 76 41 59
verlag@adac.de
www.adac.de/reisefuehrer

USA-Südwesten Impressionen

Traum der großen Freiheit

Wer hat nicht schon einmal davon geträumt, am Rande des berühmten **Grand Canyon** zu stehen oder gar hindurch zu wandern? Wer möchte nicht einmal in Erinnerung an John Waynes markige Unerschrockenheit durch den roten Staub des **Monument Valley** reiten, mit einem Jeep auf holprigen Wegen in das zerfurchte Hinterland des Canyonlands National Park vorstoßen oder uralte **Indianerkulturen** kennen lernen? Wer kreuzt nicht in Gedanken zuweilen auf endlosen, hitzeflimmernden Wüstenhighways zu rostroten, steil am Horizont aufragenden Felsen? Und schwärmt nicht jeder einmal von der legendären **Route 66**, auf der man den Zauber des weiten Kontinents hautnah miterleben kann? Wen würde es nicht reizen, einmal in einem wuchtigen Schlauchboot auf wilden Stromschnellen den **Colorado River** hinabzuschießen?

Natur und Abenteuer

Einzigartige Naturräume prägen den Südwesten der USA, Erosionslandschaften von beinahe unvorstellbaren Dimensionen, von atemberaubender Schönheit und abweisender Schroffheit zugleich. Der mächtige Südwesten ist ein Land mit eigenen Gesetzen, unantastbar erscheinend und doch unaufhörlich gemartert von den Kräften der Natur, von der Sonnenglut, von sintflutartigen *Flash Floods*, die jahrtausendelang Canyons ausgewaschen und riesige Sandsteinbögen in das weiche Gestein gefressen haben.

Outdoor heißt hier das Zauberwort, das zivilisationsmüde Menschen auf die Wildwasserflüsse zieht, das aus ihnen Cowboys und Trophäenangler macht, das sie

Rechts oben: *Traumstadt Las Vegas – vom Spieltisch wirft so mancher Glückspilz bewundernd einen Blick auf ›Schloss Neuschwanstein‹*

Unten: *Doch was ist die Glitzerwelt gegen die Natur und ihre unglaublichen gestalterischen Fähigkeiten – eine ihrer schönsten Schöpfungen ist der Delicate Arch im Arches National Park*

den Häusern und Städten entfliehen lässt, um unterm Sternenhimmel zu campen, zu wandern und am Lagerfeuer der Romantik vergangener Zeiten nachzuträumen. Die **Freizeitpalette** scheint keine Grenzen zu kennen. Jeeptouren, Mountainbike-Exkursionen, Ballonflüge, Kajak-, Schlauchboot- oder Kanufahrten, Reitausflüge, Wander- und Klettertouren und vieles mehr bieten Erlebnisurlaub für jeden Geschmack.

Weitläufige Regionen wie die heißen **Wüsten** im Süden zeigen sich dagegen widerspenstiger und trotzen stolz dem menschlichen Ansturm. **Kakteenwälder** mit baumgroßen Saguaros bedecken die sonnendurchglühten Täler und Hügel von *Saguaro National Park* und *Organ Pipe Cactus National Monument*. Erstarrte grauschwarze **Lavaflüsse** machen verständlich, warum die spanischen Entdecker das Land westlich von Albuquerque ›el malpaís‹, ›das schlechte Land‹ nannten. Nicht weniger faszinierend sind die riesigen **Dünengebilde** der *Great Sand Dunes* und die weißen Gipssandberge des *White Sands National Monument*, der tatsächlich die perfekte Illusion einer Schneelandschaft unter der Sonne New Mexicos schafft.

Colorado River und **Rio Grande**, die beiden großen Flüsse des Südwestens, haben die Gestaltung der Landschaft und die Entwicklung der Kulturräume entscheidend mitbestimmt. *Major John Wesley Powell* und neun Begleiter erforschten 1869 per Floß als erste Weiße den Colorado River und seine an Naturwundern reichen Gestade, allen voran den Grand Canyon. Um seine Wassermassen besser nutzen zu können, wurde 1936 durch den Hoover Dam bei Las Vegas der Strom zum **Lake Mead** aufgestaut, drei Jahrzehnte später entstand der Glen

Canyon Dam bei Page und mit ihm der **Lake Powell**. Heute stürzen sich jährlich zahllose Besucher auf die Kapriolen schlagenden Stromschnellen des Colorado River und sehen so – je nach Gusto und Geldbeutel – die Wildnis des Grand Canyon und des Canyonlands National Park aus einer ganz neuen, interessanten Perspektive.

Während Colorado River und Rio Grande den Südwesten der USA gewissermaßen seitlich umfassen, wird das Gebiet im Norden von den fantastischen Nationalparks in Utah und im Süden von der Grenze zu Mexiko eingerahmt. Aber allein mit geographischen Angaben lässt sich die Region, zu der der Bundesstaat **Arizona** sowie Teile von **Colorado**, **Nevada**, **New Mexico**, **Texas** und **Utah** gehören, nicht erfassen. Entscheidend für Erscheinungsbild und Atmosphäre dieses Landes ist die enge Verflechtung der Kulturen. So lernt der Reisende im Südwesten die ältesten durchgehend bewohnten Indianersiedlungen der USA kennen und kann die charmante Mischung hispanisch-mexikanischer und angloamerikanischer Traditionen genießen, die in Architektur, Kunst und Küche zum Ausdruck kommen.

Indianer zwischen Vergangenheit und Gegenwart

Von den indianischen Ureinwohnern der Frühgeschichte künden nur noch wenige Relikte wie Speerspitzen, Felszeichnungen und -ritzungen. Die **Anasazi** waren bis um 1300 im Südwesten ansässig und hinterließen großartige, historisch bedeutsame Zeugnisse. Zu ihren architektonischen Meisterleistungen gehören die *Cliff Dwellings*, jene mehrstöckigen, nur über Leitern begehbaren Klippenwohnungen im **Mesa Verde National Park, Canyon de Chelly** etc. Nicht weniger beeindruckend sind das seit Jahrhunderten bewohnte Indianerdorf **Acoma Pueblo**, diese auf einem schwer zugänglichen Tafelberg gelegene *Sky City*, und das **Taos Pueblo** mit seinen faszinierenden, betagten Adobestrukturen.

Nach ersten Kontakten mit den Weißen im 16. Jh. mussten sich die Indianer zwar mit den neuen Herren arrangieren, doch unter spanischer bzw. mexikanischer Obrigkeit konnten sie ihre Eigenständigkeit weitgehend bewahren. Erst mit der Eroberung New Mexicos und der Übernahme des übrigen Südwestens

Links oben: *Baukunst des Mittelalters – Klippenwohnungen in Mesa Verde*
Links Mitte: *Einmaleins der Navajokultur – Schulklasse im Reservat*
Links unten: *Wasserwerk – der Colorado River im Canyonlands National Park*
Oben: *Straßentheater – rostrote Felskulisse im Arches National Park*
Unten: *Da staunt man Bauklötze – Adobearchitektur im Taos Pueblo*

durch die USA im 19. Jh. wendete sich ihr Schicksalsblatt. Der nun aufkeimende Widerstand der **Navajo** und **Apachen** gegen die amerikanische Landnahme führte zu den vier Jahrzehnte dauernden **Indianerkriegen**. Die endgültige Niederlage wurde 1886 durch die Gefangennahme des letzten aufständischen Apachenhäuptlings *Geronimo* besiegelt.

Aus diesen Tiefen haben sich die Indianer des Südwestens allmählich wieder emporgearbeitet. Heute ist die Region ihr kultureller Mittelpunkt, die *Navajo Indian Reservation* umfasst 63 000 km² und ist die mit Abstand größte in den USA.

Hispanische Kultur im Auf und Ab

Die von Mexiko ausgehende hispanische Besiedlung hat überall im Südwesten ihre Spuren hinterlassen, vordergründig erkennbar an der Namensgebung vieler Orte, Berge und Täler. Bis auf den heutigen Tag bewahrte **Santa Fe**, das bereits 1610 Hauptstadt des spanisch-mexikanischen Nuevo México war, seinen südländischen Charakter. Nachhaltig wirkte sich die Arbeit katholischer *Missionare* aus, die schon im ausgehenden 16. Jh. mit der Christianisierung der Indianer begannen. Ihre Kathedralen und Kirchen, wie z. B. die Missionsstationen von **El Paso**, setzten bauliche Akzente. Und noch heute steht in einigen Indianerpueblos eine katholische Kirche im Zentrum. Mit der Eingliederung in die USA 1848 begann schließlich die Anglisierung des Landes. Erst Mitte des 20. Jh. kam es zu einer Wiederbelebung der hispanischen Kultur aufgrund der vielen mexikanischen Einwanderer.

Von Glücksspiel, Sonne und Schneevögeln

In den spärlich bewohnten Regionen des amerikanischen Südwestens, in denen Urlauber auf weiter Strecke kaum einer Menschenseele begegnen, beleben nur wenige Metropolen wie **Phoenix** und **Tucson** in der Wüste Arizonas sowie **Albuquerque** und **El Paso** am Rio Grande die Einsamkeit. Die Weltkapitale des Vergnügens, **Las Vegas**, war in den 1930er-Jahren noch ein verlassenes Nest am Südzipfel Nevadas. Doch mit der Legalisierung des Glücksspiels in diesem US-

Bundesstaat setzte eine märchenhafte Erfolgsgeschichte ein, die dem *Land der unbegrenzten Möglichkeiten* alle Ehre machte. Noch heute entstehen in der Millionenmetropole ständig neue Mega-Kasinohotels, herrscht Tag und Nacht um die Spieltische und die ›einarmigen Banditen‹ des legendären ›Strip‹ geschäftiges Treiben, gehen in dem Glücksspiel-Dorado die Lichter niemals aus.

Sicherlich trägt auch das **Klima** zur großen Popularität von Destinationen wie Las Vegas bei, denn nirgendwo in den USA scheint im Winter die Sonne mit solcher Ausdauer wie im Südwesten. Viele *Snow Birds*, Winterflüchtlinge aus dem Norden des Landes, verbringen hier die kalte Jahreszeit im warmen Klima.

Der Reiseführer

Dieser Band stellt den Südwesten der USA in *sechs Kapiteln* vor. Auf besondere Höhepunkte bei Sehenswürdigkeiten, Hotels, Restaurants, sportlichen Aktivitäten, Pueblos, Westernstädten etc. verweisen die **Top Tipps**. Den Besichtigungspunkten sind jeweils die **Praktischen Hinweise** mit Tourismusbüros, Hotels und Restaurants angegliedert. **Übersichtskarten** und **Stadtpläne** erleichtern die Orientierung. Auf den letzten Seiten informiert **USA-Südwest aktuell A bis Z** über Anreise, Einkaufen, Essen und Trinken, Festivals, Sport, Unterkunft und Verkehrsmittel. Hinzu kommt ein umfassender **Sprachführer**. Das **Kaleidoskop** mit Kurzessays zu speziellen Themen des Südwestens rundet den Reiseführer ab.

Links oben: *Las Vegas ganz fabulös – Willkommen mit Charme und langen Beinen*
Links unten: *Feuersteine – im Sonnenlicht erglühen die wie von moderner Künstlerhand skulptierten Felsen des Bryce Canyon*
Oben: *Venedig-Romantik wie im Alten Europa – Gondelfahrt auf dem Canal Grande des Casinohotels Venetian in Las Vegas*
Mitte: *Happy Hour für durstige Cowboys – Saloon in Tombstone*
Unten: *Treasure Island Pool – vielleicht tauchen manche Spieler hier nach Schätzen*

Geschichte, Kunst, Kultur im Überblick

Glücksspielparadies und Geronimos Erbland zwischen Grand Canyon und Rio Grande

um 10 000 v. Chr. Über die während der letzten Eiszeit trockene Beringstraße wandern Jäger und Sammler aus Sibirien nach Nordamerika. Deren Nachkommen breiten sich auf dem Kontinent aus und erreichen auch den Südwesten der USA.

um 9500–9000 v. Chr. Die ersten Indianer Nordamerikas sind historisch nachweisbar. Sie werden nach einer archäologischen Fundstätte in New Mexico unweit der Grenze zu Texas ›Clovis‹ genannt. Ihre steinernen Speerspitzen sind im Südwesten weit verbreitet.

um 9000–8000 v. Chr. Mit weiterentwickelten, zweiseitig ausgekehlten, steinernen Speerspitzen gehen die Folsom-Indianer vermutlich auf Bisonjagd. Ihren Namen verdankt diese Kultur einer archäologischen Fundstätte im nordöstlichen New Mexico.

ab ca. 8000 v. Chr. Mit dem allmählichen Rückgang der Eismassen im Norden des Kontinents wandelt sich das Klima im Südwesten: die fruchtbaren, bewaldeten Regionen werden trockener und teilweise von Wüsten abgelöst.

ab ca. 1000 v. Chr. Von Mexiko gelangt die Kenntnis der Landwirtschaft allmählich in den Südwesten. Es vergehen jedoch Jahrhunderte, bis sich die sesshaften Indianer von der Tradition des Jagens und Sammelns lösen und hauptsächlich vom Anbau von Mais, Bohnen, Kürbis, Avocado oder Chili leben.

um 1000–1150 n. Chr. Die Mimbres aus dem Mimbres Valley bei Silver City, die zu den Mogollon-Indianern zählen, produzieren während ihrer Blütezeit die feinste Keramik aller Indianerstämme nördlich von Mexiko. Ihre Hochkultur verschwindet im 13. Jh.

um 1150 Mit Acoma Pueblo wird eine der am längsten durchgehend bewohnten Orte nördlich von Mexiko gegründet.

13. Jh. In der Blüte der Anasazi-Kultur entstehen mehrstöckige Klippenwohnungen aus Sandstein wie der riesige Cliff Palace im Mesa Verde National Park. Diese Cliff Dwellings werden Ende des 13. Jh. aus heute unbekannten Gründen verlassen.

14. Jh. Die Hohokam-Indianer bewirtschaften die Wüsten Südarizonas mit Hilfe eines ausgedehnten Kanalsystems, gespeist von Salt River und Gila River. Als Nachfahren dieser im frühen 15. Jh. endenden Hochkultur gelten die Tohono O'Odham-Indianer.

1528–36 Nach dem gescheiterten spanischen Florida-Feldzug unter Pánfilo de Narváez kämpfen sich Alvar Nuñez Cabeza de Vaca, sein Sklave Estevanico und zwei Gefährten vom Golf von Florida zum Golf von Kalifornien durch. De Vacas Berichte von der ersten Kontinentaldurchquerung Nordamerikas und dem Mythos der ›Sieben goldenen Städte von Cibola‹, die im Südwesten vermutet werden, lösen weitere Expeditionen aus.

1539 Der Franziskanerpater Marcos de Niza wird, begleitet von Estevanico, ausgesandt, die ›Sieben Städte‹ zu finden. Er muss die Expedition abbrechen, glaubt aber im Zuni-Pueblo Hawikuh (heute Zuni Indian Reservation, New Mexico) einen der goldenen Orte von Ferne erblickt zu haben.

1540–42 Der spanische General Francisco Vásquez de Coronado erobert mit 400 Gefolgsleuten Hawikuh, muss aber erkennen, dass

◁ *Interessante Zeitung von gestern – frühzeitliche Felszeichnungen der Anasazi am sog. Newspaper Rock an der Zufahrt zum Canyonlands National Park*

weder dieses noch die anderen benachbarten Zuni-Pueblos, auf die sich der Mythos der ›Sieben goldenen Städte von Cibola‹ bezieht, Reichtümer besitzen. Auf einer Erkundungstour in die Umgebung gelangt García López de Cárdenas 1540 als erster Weißer zum Rand des Grand Canyon.

1598 Eine Expedition unter Don Juan de Oñate folgt dem Rio Grande von El Paso aus nach Norden. Oñate, der neu ernannte Gouverneur der spanischen Provinz Nuevo México erobert im Folgejahr Acoma Pueblo und errichtet erste Siedlungen.

1610 Gouverneur Don Pedro de Peralta ernennt Santa Fe zur Hauptstadt von Nuevo México. Die 2400 km lange ›Königsstraße‹, El Camino Real, von Santa Fe nach Mexico City ist bis ins 19. Jh. Hauptroute zum Mutterland Mexiko.

1680 Im Widerstand gegen die Christianisierung vertreiben die unter dem Medizinmann Popé vereinigten Pueblostämme des nördlichen Nuevo México die Spanier bis nach El Paso. Diese blutige Pueblorevolte ist einer der erfolgreichsten Indianeraufstände in der Neuen Welt.

1682 Robert Cavelier, Sieur de La Salle, nimmt das Einzugsgebiet des Mississippi (u. a. auch Teile des heutigen Bundesstaates Colorado) unter dem Namen Louisiana für Frankreich ein.

1691 Der Jesuitenpater Eusebio Francisco Kino beginnt seine 20-jährige Missionstätigkeit im Süden Arizonas. Er hält Messen in Tumacacori und gründet später die ersten Missionen, u. a. San Xavier del Bac beim späteren Tucson.

1692–96 Unter Gouverneur Don Diego de Vargas erobern die Spanier Nuevo México zurück.

1706 Francesco Cuervo y Valdéz gründet Albuquerque.

Ein Indianerkind kommt zur Welt – Tonschale der Mimbres-Kultur (10./11. Jh.)

1736 In der Nähe des Indianerdorfes Aleh-Shonak (bei der heutigen Stadt Nogales) werden reiche Silbervorkommen entdeckt. Aus der spanischen Lesart des Fundortes ›Arizonac‹ wird vermutlich später der Staatsname hergeleitet.

1752 In Tubac erbauen Spanier das erste europäische Fort in Arizona.

1775 Errichtung des Presidio de San Agustin del Tucson, aus dem der spanische Ort Tucson hervorgeht.

1776 Die Franziskanerpater Francisco Dominguez und Sylvestre Velez de Escalante suchen von Santa Fe aus eine Überlandroute nach Kalifornien. Sie erkunden Utah und Arizona, ihr Ziel erreichen sie jedoch nicht. Ihre Berichte über die karge Wüstenlandschaft lassen das Interesse an weiteren Expeditionen erlahmen. Die Provinz Nuevo México bleibt bis ins 19. Jh. hinein ein schmaler Streifen entlang des Rio Grande.

1803 Mit dem Louisiana Purchase erwerben die USA von Frankreich das westliche Einzugsgebiet des Mississippi bis zu den Rocky Mountains.

1805 Spanische Truppen unter Antonio Narbona töten 115 Navajo, die sich im Canyon de Chelly verschanzt haben.

1806/07 Durch den Verkauf Louisianas an die USA und eine Expedition unter US-Leutnant Zebulon Pike, die auf spanisches Territorium gerät, fühlen sich die Spanier in Nuevo México in ihren Interessen bedroht. Die Teilnehmer der Expedition werden aufgegriffen und für ein halbes Jahr in Santa Fe inhaftiert.

1821 Mexiko wird von Spanien unabhängig und erhält Nuevo México. Der Güteraustausch mit den USA wird gefördert. William Brecknell erschließt mit einem von Ochsen gezogenen sog. Prairieschoner den 1400 km langen Handelsweg Santa Fe Trail von Franklin (Missouri) nach Santa Fe (Nuevo México).

1836 Der texanische Unabhängigkeitskrieg gegen Mexiko endet mit der Loslösung des eigenständigen Staates Texas, der neun Jahre später Teil der USA wird.

1846 Im Krieg zwischen den USA und Mexiko erobert die US-Armee Nuevo México und eröffnet mit dem Gila Trail eine Durchgangsroute nach Kalifornien. Sie folgt ab Tuscon nordwärts dem Santa Cruz River, dann westlich dem Gila River bis zur Mündung in den Colorado. 60 000 Menschen überqueren in den folgenden sechs Jahren bei Yuma den Colorado River.

1847 In Taos (New Mexico) ermorden Pueblo-Indianer den US-Gouverneur Charles Bent (2. Pueblorevolte). Wenig später erobert die US-Armee das Taos Pueblo im blutigen Handstreich. Beginn der 39 Jahre dauernden Indianerkriege im Südwesten.

1848 Mexiko tritt im Frieden von Guadalupe-Hidalgo Arizona, Colorado, Kalifornien, Nevada, New Mexico und Utah an die USA ab.

1854 Im Gadsden Purchase erwerben die USA von Mexiko Süd-Arizona. Dies ist

◁ *Reportage-Litographie eines Zeitgenossen – im Krieg gegen Mexiko (1846–48) belagert General Winfield Scott 1847 Veracruz*

(abgesehen von Alaska) die letzte US-Gebietserweiterung in Nordamerika.

1858–61 Zwischen St. Louis und San Francisco betreibt die Butterfield Overland Mail Company die erste transkontinentale Postkutschenlinie. Ihre Vierspänner bewältigen die immerhin 4500 km lange Route in nur 25 Tagen.

1861/62 Im Sezessionskrieg unterliegen die Konföderierten (Südstaaten) den Unionstruppen (Nordstaaten) am Glorieta Pass südöstlich von Santa Fe und räumen den Südwesten vollständig.

1863 Präsident Abraham Lincoln deklariert Arizona zum eigenständigen Territorium, wenig später wird Prescott dessen erste Hauptstadt.

1864–68 Colonel Christopher ›Kit‹ Carson nimmt im Canyon de Chelly 8000 Navajo gefangen. Sie werden im ›Langen Marsch‹ zunächst nach New Mexico umgesiedelt. In ihre Heimat zurückgekehrt, erhalten sie die größte Indianerreservation der USA zugesprochen und bleiben fortan friedlich.

1869 Major John Wesley Powell gelingt mit neun Kameraden erstmals die Durchquerung des Grand Canyon auf dem Colorado River per Floß.

1876 Das Gebiet Colorado wird 38. Bundesstaat der USA.

1878 John Lorenzo Hubbell kauft in der Navajo Indian Reservation in Ganado (Arizona) eine Handelsniederlassung, die heutige Hubbell Trading Post National Historic Site.

1881 Die Southern Pacific Railroad baut die erste transkontinentale Eisenbahnlinie durch den Süden der USA. Sie folgt in etwa dem Gila Trail. – In der berühmten Schießerei am O. K. Corral in Tombstone (Arizona) töten die Brüder Morgan, Virgil und Wyatt Earp sowie der Revolverheld Doc Holliday drei von fünf chancenlosen Cowboys. – William H. ›Billy the Kid‹ Bonney, der mit 21 Jahren schon weit über 20 Menschen ermordet haben soll, wird von Sheriff Pat Garrett in Fort Sumner (New Mexico) erschossen.

Schicksalhafter Fototermin – Häuptling Geronimo (3. von rechts, vorne) und Krieger der Chiricahua-Apachen bei ihrer Festnahme durch US-Truppen am 4. September 1886

Lago di Las Vegas – das 1998 eröffnete Hotel Bellagio mit seinen fulminanten Wasserspielen soll an italienische Seenromantik erinnern ▷

1886 Im Arizona Territory legt Häuptling Geronimo von den Chiricahua-Apachen als letzter die Waffen nieder, die Indianerkriege sind damit beendet.

1889 Phoenix wird neue Hauptstadt des Arizona Territory.

1896 Mit einer neuen Verfassung, die Polygamie verbietet und die Kontrolle der Regierung durch eine Kirche untersagt, wird der Mormonenstaat Utah 45. Bundesstaat der USA.

1909 Der Mesa Verde National Park in Colorado wird als erster Nationalpark im Südwesten der USA gegründet.

1912 Die Territorien von New Mexico und Arizona werden zum 47. bzw. 48. Bundesstaat der USA ernannt.

1916 Der mexikanische Revolutionär Francisco ›Pancho‹ Villa greift mit einer 1000-Mann-Truppe Columbus (New Mexico) an. Es ist das einzige Mal nach dem Krieg mit Mexiko 1846, dass fremde Truppen auf US-Festland vordringen.

1924 Die US-Indianer erhalten die amerikanische Staatsbürgerschaft und das Wahlrecht.

1926 Die Route 66, die legendäre Transkontinentalstrecke von Chicago quer durch New Mexico und Arizona bis nach Los Angeles, wird eingeweiht.

ab 1931 In Nevada wird das Glücksspiel legalisiert, und Las Vegas entwickelt sich allmählich zum größten Spielerparadies der Welt. Auch das Heiraten wird wegen der liberalen Gesetze dort populär.

1934 Mit Polizeigewalt lässt der Gouverneur von Arizona die Bauarbeiten am Parker Dam stoppen. Er befürchtet, dass zuviel Wasser aus dem Colorado River nach Kalifornien abgeleitet wird.

1935 Das Civilian Conservation Corps, ein öffentliches Arbeitsbeschaffungsprogramm unter Präsident Franklin D. Roosevelt, beschäftigt eine halbe Million Arbeitslose, die in vielen Nationalparks Wanderwegenetze einrichten.

1936 Der Hoover Dam an der Grenze Arizona/Nevada staut den Colorado River zum Lake Mead auf, dem größten Stausee der USA.

1945 Am 16. Juli wird auf der Trinity Site in New Mexico die erste Atombombe gezündet. Sie ist als Manhattan Project u. a. in Los Alamos (New Mexico) entwickelt worden.

1964 In Page (Arizona) staut der Glen Canyon Dam den Colorado River zum Lake Powell auf, dem zweitgrößten Stausee der USA.

1991 Das Central Arizona Project, ein gigantisches Aquädukt-System, das Wasser aus dem Colorado River vom Parker Dam über Phoenix in den Süden Arizonas leitet, erreicht Tucson.

1994 Der Saguaro National Park bei Tucson in Arizona wird eingerichtet.

1998 Eröffnung des Bellagio-Hotels in Las Vegas, dessen Ambiente die Szenerien norditalienischer Seenlandschaften zitiert.

2000 Die Great Sand Dunes in Colorado werden zum Nationalpark erklärt.

2005 Neuer Superlativ in Las Vegas: mit 2,7 Mrd. $ Baukosten rühmt sich das Wynn Las Vegas, das teuerste Kasinohotel der Welt zu sein.

2007 Anfang des Jahres wird am Rand des Grand Canyon eine U-förmige ›gläserne Brücke‹ eröffnet, die rund 20 m weit über den Abgrund ragt. Bauherren dieses Skywalk sind die Hualapai-Indianer.

2008 In Phoenix ist die vollständige Neugestaltung des Stadtzentrums abgeschlossen. Innerhalb weniger Jahre wurden hier neue Baseball- und Basketballstadien sowie der riesige Komplex des Convention Center erbaut.

2009 Trotz landesweiter Immobilen- und Finanzkrise bricht Las Vegas immer neue Rekorde: Mit dem City Center entsteht ein Megakomplex aus vier Hotel- und Appartementhochhäusern mit 6300 Zimmern für rund 8 Mrd US$. Das gleichfalls aufsehenerregende Fontainebleau Las Vegas ist ein nagelneuer Wolkenkratzer für 2,9 Mrd. US$ mit 3800 Zimmern.

Von der Sonne wachgeküsst – manchmal wirken die Felsen im Amphitheater des Bryce Canyon, als seien sie aus Zuckerguss

Unterwegs

Las Vegas – neonglitzernde Insel im kargen Wüstenbecken

Aus welcher Richtung man sich **Las Vegas** auch nähert, schon von weitem lockt ein Lichtermeer zum *Spielerparadies* in der Wüste von Nevada. Zu Beginn des dritten Jahrtausends präsentiert sich das schillernde Vergnügungszentrum in gigantischen Ausmaßen, mit riesigen Kasinohotels, an die weltweit nichts heranreicht. Nur eine kurze Autofahrt von der glanzvollen Show-Metropole entfernt liegt der fantastische **Valley of Fire State Park** in völliger Einsamkeit. Wo prachtvolle *Sandsteinfelsen* im Licht der tief stehenden Sonne wie unter Feuer erstrahlen, erhält man einen Eindruck vom unverfälschten Nevada. Und ebenfalls nicht weit entfernt ragt als monumentales Zeugnis menschlicher *Baukunst* der **Hoover Dam** empor, der den mächtigen Colorado River gezähmt und zum **Lake Mead** aufgestaut hat.

1 Las Vegas *Plan Seite 20*

Die Stadt, die niemals schläft.

Rund um die Uhr lockt an der äußersten Südspitze Nevadas die pulsierende Metropole Las Vegas (603 000 Einw., 1,96 Mio. im Großraum) zu Roulette, Blackjack, Keno und Poker an die Glücksräder und *Slot Machines*, die ›einarmigen Banditen‹. Während in der Hochburg des Glücksspiels die Downtown-Kasinos nur ein schmales Stück um die **Fremont Street** einnehmen, entstehen an dem Jahr für Jahr weiter in die Wüste hineinwachsenden **Las Vegas Boulevard South**, dem weltberühmten ›Strip‹, ständig neue, bombastische Mega-Hotels. Die große Faszination der Prachtstraße liegt zunächst in den viele Milliarden teuren, sich an Originalität und Pomp gegenseitig überbietenden Fassaden der ›Glücksburgen‹. Hinter diesen Glimmergesichtern verbirgt sich meist das typisch gleiche licht- und musikberieselte neonglitzernde Interieur, in dem endlose Reihen bunter Spielautomaten synchron vom zukünftigen Reichtum tönen und daneben Roulette- und Würfeltische zum großen Geldregen locken. In Las Vegas regiert Gigantomanie in höchster Vollendung, und für die jährlich über 39 Mio. Besuchen stehen heute 154 000 Hotelzimmer und 198 000 Spielautomaten bereit.

Wildes Wachstum in der Wüste

Wo sich im 19. Jh. Paiute-Indianer die ausgedörrte Mojave-Wüste mit den wenigen durchziehenden Mormonen teilten, entstand mit der Fertigstellung der *Eisen-*

bahnlinie zwischen Salt Lake City und Los Angeles 1905 aus einer Wegstation mit einigen natürlichen Quellen der Ort Las Vegas (span. *die Wiesen*). Er erlebte den Startschuss zu seinem kometenhaften Aufstieg knapp drei Jahrzehnte später: Nachdem Nevada als erster US-Bundesstaat 1931 das **Glücksspiel** legalisiert hatte, kamen die Arbeiter von der nahe gelegenen Riesenbaustelle des Hoover Dam und verprassten hier ihr hart verdientes Geld. Besonders Vergünstigungen bei Energie- und Wasserkosten sorgten neben niedrigen Grundstückspreisen für ein schnelles *Wachstum* der Spielerstadt.

Das beträchtliche Potenzial von Las Vegas, in dessen Kasinos sich nicht nur legal viel verdienen ließ, sondern auch ›schmutziges Geld‹ wieder zu sauberen Dollars gewaschen werden konnte, zog schon in den 1940er-Jahren **Unterweltgrößen** wie den legendären Benjamin ›Bugsy‹ Siegel an, die im *Gambling Business* ein gewichtiges Wort mitsprachen. Mit Millionenbeträgen seiner Bosse aus dem Osten der USA ließ er als ersten großen Kasinotempel das *Flamingo Las Vegas* (www.flamingolasvegas.com) in den Wüstensand bauen, das nach erheblichem Überschreiten der geplanten Baukosten Ende 1946 eröffnet wurde. Als jedoch auch der laufende Betrieb anfänglich keine Profite abwarf, geriet ›Bugsy‹ Siegel in den Verdacht der Unterschlagung und wurde ein Jahr später von einem Auftragskiller in seinem Haus in Los Angeles erschossen.

Der **Bauboom** begann bereits in den 1950er-Jahren. Weltstars wie Frank Sinatra traten damals im Desert Inn (2001 abgerissen) auf. Seit 1966 krönt das luxuriöse Caesars Palace den Strip. Im Las Vegas Hilton sang sich Elvis in die 1970er-Jahre. Ende der 1980er-Jahre leitete das Mirage eine regelrechte Bauwut ein, aus der protzige Schöpfungen wie Excalibur (1990, 4000 Zimmer), Treasure Island, Luxor und MGM Grand (jeweils 1993) – mit 5000 Zimmern das größte Hotel der Stadt – hervorgingen. 1996 schoss der Stratosphere Tower 350 m hoch in die Wolken. Weitere Strip-Attraktionen sind die Resorts Monte Carlo (1996), New York-New York (1997), Bellagio (1998), Paris Las Vegas, The Venetian und Mandalay Bay (alle drei 1999) sowie Planet Hollywood (www.planet hollywood.com) aus dem Jahr 2000.

Eine neue Ära des Größenwahns läutete das Wynn Las Vegas (2700 Zi.) von 2005

Ob Venedig, Paris oder Rom – die Spielerstadt Las Vegas spielt sich auf als Nabel der Welt

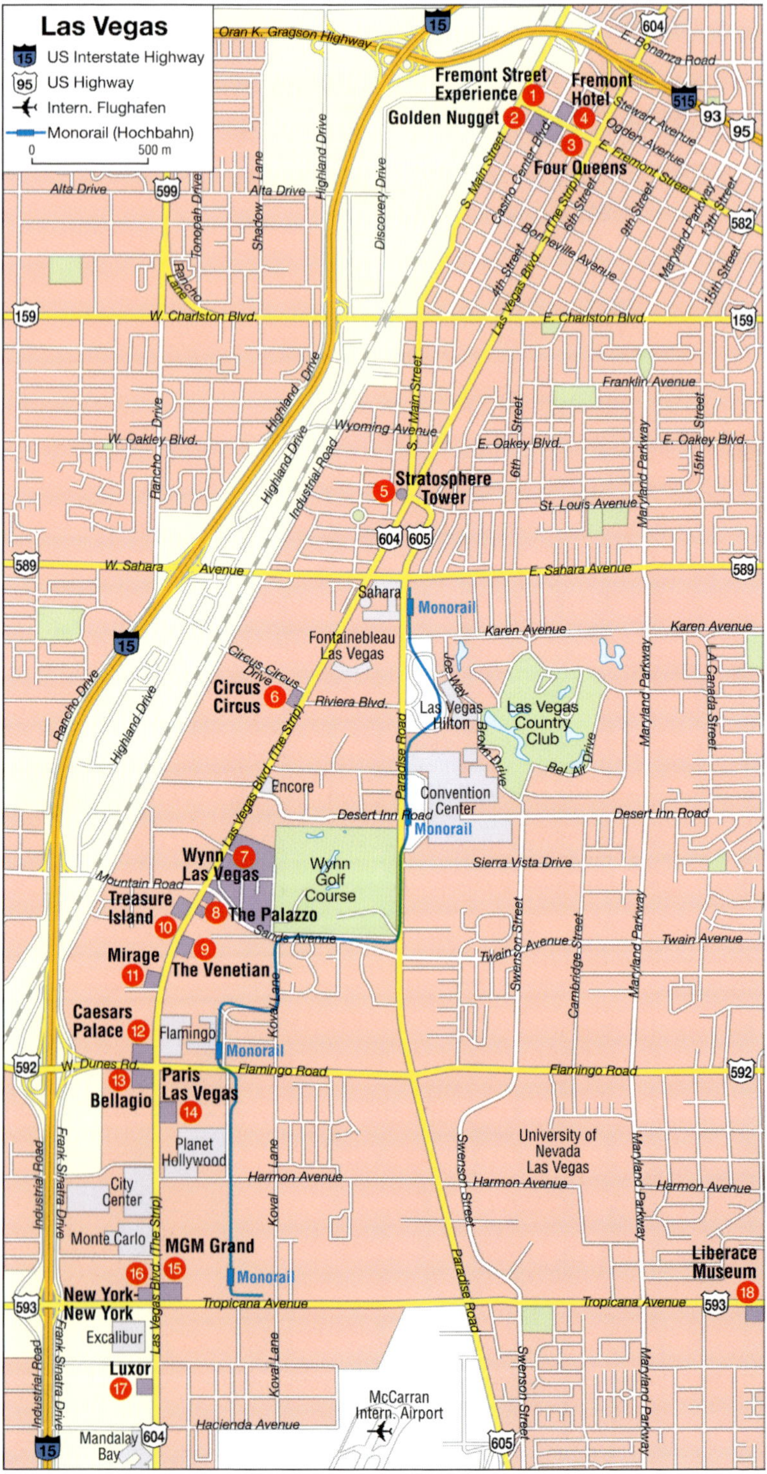

Las Vegas
US Interstate Highway
US Highway
Intern. Flughafen
Monorail (Hochbahn)
0
500 m
Oran K. Gragson Highway
E. Bonanza Road
Fremont Street Experience
Fremont Hotel
Golden Nugget
Four Queens
Stewart Avenue
Ogden Avenue
E. Fremont Street
S. Main Street
Casino Center Blvd.
Las Vegas Blvd. (The Strip)
6th Street
9th Street
Maryland Parkway
13th Street
15th Street
4th Street
Bonneville Avenue
Alta Drive
Tonopah Drive
Shadow Lane
Highland Drive
Discovery Drive
Rancho Lane
W. Charlston Blvd.
E. Charlston Blvd.
Franklin Avenue
Wyoming Avenue
W. Oakley Blvd.
E. Oakey Blvd.
Rancho Drive
Industrial Road
Stratosphere Tower
St. Louis Avenue
W. Sahara Avenue
E. Sahara Avenue
Sahara
Monorail
Karen Avenue
Fontainebleau Las Vegas
Circus Circus Drive
Circus Circus
Riviera Blvd.
Joe Way
Las Vegas Hilton
Las Vegas Country Club
Brown Drive
Bel Air Drive
LA Canada Street
Paradise Road
Encore
Convention Center
Desert Inn Road
Wynn Las Vegas
Wynn Golf Course
Sierra Vista Drive
Mountain Road
Treasure Island
The Palazzo
Sands Avenue
Mirage
The Venetian
Twain Avenue
Swenson Street
Cambridge Street
Koval Lane
Caesars Palace
Flamingo
W. Dunes Rd.
Flamingo Road
Paris Las Vegas
Bellagio
Planet Hollywood
University of Nevada Las Vegas
Harmon Avenue
City Center
Frank Sinatra Drive
Monte Carlo
MGM Grand
Liberace Museum
New York-New York
Tropicana Avenue
Excalibur
Luxor
McCarran Intern. Airport
Hacienda Avenue
Mandalay Bay

Das superlative Wynn Las Vegas trägt den Namen eines Kasinomagnaten und Kunstsammlers

ein, denn mit 2,7 Mrd. US $ Baukosten gilt es als das bislang kostspieligste Hotel der Welt. 2008 sah die Eröffnung zweier weiterer Hotelsuperlative, des Palazzo (3100 Zi.) für 1,9 Mrd. US $ und des 2,2 Mrd. US $ teuren Encore (3100 Zi.).

2009 stehen die Eröffnung des Wolkenkratzers Fontainebleau Las Vegas (3800 Zi., 2,9 Mrd. US$, www.fontainebleau.com) und des City Center (6300 Zi., 8 Mrd. US$, www.citycenter.com) an. Das letztgenannte Megaprojekt des Glückspielskonzerns MGM Mirage mit vier Hochhäusern liegt ungeachtet seines Namens nicht im Zentrum von Las Vegas, sondern am Strip und spiegelt einen neuen Trend des Städtebaus wider: statt der üblichen Hotelkasinos enstehen nun vermehrt Komplexe mit gemischter Nutzung, ein belebende Mischung aus Hotels, Shopping Malls und ganzjährig bewohnten Appartements.

Downtowns Fremont Street

Um mit dem boomenden Strip wenigstens halbwegs Schritt zu halten, entstanden auf der Fremont Street zwischen Main Street und 4th Street eine Fußgängerzone und die Kasinolandschaft **Fremont Street Experience** ❶ (www.vegas experience.com) mit Restaurants, Cafés, Bars und Geschäften – unter einem von 12,5 Mio. Leuchten bestückten künstlichen Himmelszelt. Am Abend verwandelt sich dieses Lichtermeer in eine Kinoleinwand, auf der spektakuläre Viva Vision Video Clips gezeigt werden. Dabei dürfte z. B. der Anblick dahinrasender Düsenjets und wehender amerikanischer Fahnen, untermalt von martialischem Trommelwirbel um Mitternacht für Europäer ein erstaunliches Erlebnis sein.

Begrenzt wird dieses Areal von den modernisierten Kasinohotels der ersten Generation wie dem **Golden Nugget** ❷ (www.goldennugget.com) mit seinem spannenden Haifisch-Aquarium, dem **Four Queens** ❸ (www.fourqueens.com) und dem **Fremont Hotel** ❹ (www.fremont casino.com). Im Vergleich zum weitläufigen Strip mit seinen riesigen Glückspalästen bieten diese überschaubaren Etablissemnts der Downtown Freizeitspaß und Spielvergnügen ohne überschäumende Gigantomanie.

Glücksspielfieber am Strip

Die Schlagader von Las Vegas ist der Tag und Nacht pulsierende 7 km lange *Strip*, dessen Beginn der 350 m hohe **Stratosphere Tower** ❺ (2000 Las Vegas Blvd., www.stratospherehotel.com) markiert. Er ist der höchste frei stehende Aussichtsturm der USA. und um seine Spitze windet sich der Welt höchstgelegene Achterbahn. Furchtlose lieben auch die Fahrt mit Schleuderkarussells wie X-Scream freischwebend in 300 m Höhe.

Zwischen dem *Sahara* (www.sahara vegas.com) von 1952, einem der ersten Kasinos am Strip, und dem MGM Grand verkehrt die **Monorail** (www.lvmonorail.

Manhattan auf einen Blick – das New York-New York zitiert die Wahrzeichen des Big Apple

com), eine Einschienenhochbahn mit sieben Stationen auf 6,4 km.

Mit atemberaubenden *Zirkusnummern* (tgl. 11–24 Uhr, alle 30 Min.) unter einem großen Kuppel macht **Circus Circus** 6 (www.circuscircus.com) seinem Namen alle Ehre. Hinzu kommt der *Adventuredome*, der größte überdachte Vergnügungspark mit Achterbahnen und anderen Geschwindigkeitssensationen.

Zum 100-jährigen Jubiläum der Spielerstadt Las Vegas eröffnete der Kasinomagnat Steve Wynn 2005 das ganz unbescheiden nach ihm selbst benannte **Wynn Las Vegas** 7 (www.wynnlasvegas.com), einen Hotel- und Casinopalast der Superlative. Der hoteleigene Golfplatz verfügt über 18 Löcher, das Shoppingangebot umfasst sogar Ferrari- und Maserati-Händler. Das Aqua-Theater zeigt das Traumstück *Le Rêve* mit akrobatischen Tanzsequenzen in der Luft und auf dem Wasser. Benannt ist die Show nach *Picassos* Porträt der schlafenden Marie-Thérèse Walter von 1932, eines der Glanzstücke aus Steve Wynn's Kunstsammlung, zu der auch Werke von Turner, Cézanne, Manet und van Gogh gehören. Die 2008 eröffnete Dependance des Wynn Las Vegas gleich nebenan heißt **Encore** (www.encorelasvegas.com).

2008 ging auch **The Palazzo** 8 (www.palazzolasvegas.com) in Betrieb, ein gediegenes Haus, welches sich vor allem als Gourmet-Oase mit zahlreichen Trendrestaurants einen Namen macht.

Das nahe **The Venetian** 9 (www.venetian.com) eifert mit Rekonstruktionen der Wahrzeichen Venedigs um die Spitzenstellung als schönstes und elegantestes Kasinohotel von Las Vegas. Unter dem 97 m hohen Campanile verbreiten Dogenpalast, Piazza San Marco, Rialtobrücke sowie der Canal Grande samt Gondeln, aber auch 60 edle Geschäfte italienisches Flair. Auch das *Unterhaltungsprogramm* mit dem Wachsfigurenkabinett Madame Tussaud's, Shows wie Blue Man Group und Phantom of the Opera sowie dem Mega-Nightclub Tao erheischt Beifall.

Gegenüber findet ein begeisterungswürdiges Spektakel statt, bei dem sich Piraten und knapp bekleidete ›Sirenen‹ in der künstlich angelegten, felsumrahmten *Sirens' Cove* (tgl. 19–23.30 Uhr, alle 90 Min.) vor dem **Treasure Island** 10 (www.treasureisland.com) bei viel Rauch und Kanonendonner duellieren. Höhepunkt des Kampfgetümmels mit vielen Gesangs- und Tanzeinlagen ist der dramatisch inszenierte Schiffsuntergang.

Ein Stück weiter bricht an den palmenbestandenen, terrassierten Außenanlagen des **Mirage** 11 (www.mirage.com), über die Wasserfälle in eine palmenumstandene Lagune strömen, ein *Vulkan* (von der Dämmerung bis 24 Uhr alle 15 Min.) in einem simulierten Inferno aus Feuerschwall, Funkenflug und Getöse aus. Das *Aquarium* des Mirage bietet Einblicke in die Unterwasserwelt des australischen Great Barrier Reefs.

TOP TIPP In Las Vegas' erstem thematisch durchgestylten Kasinohotel, dem **Caesars Palace** 12 (www.harrahs.com) von 1966, erlebt man das Spielerparadies noch immer von der allerfeinsten Seite. In den prachtvollen *Forum Shops*, einer mit Marmorbrunnen, Marmorsäulen und Marmorstatuen reich dekorierten Einkaufsstraße im Sinne des antiken Rom beeindrucken 120 elegante Boutiquen, Geschäfte und Restaurants. Im dem antiken Amphitheater nachgebildeten *Colosseum* treten Stars wie Elton John, Bette Midler und Cher auf.

Architektur und Parkanlagen des Kasinohotels **Bellagio** 13 (www.bellagio.com) spiegeln ein italienisches Städtchen mit akkurat manikürten Gärten wider. Erfrischende Glanzpunkte sind die choreographierten *Fountains of Bellagio*, aus deren 1000 Springbrunnen bis zu 70 m hohe Fontänen schießen (Mo–Fr 15–12 Uhr alle 30 Min., 20–24 Uhr alle 15 Min., Sa/So ab 12 Uhr). Die hauseigene *Gallery of Fine Arts* (Fr/Sa 10–21, So–Do 10–18 Uhr) zeigt Wechselausstellungen moderner Kunst.

Das **Paris Las Vegas** 14 (www.harrahs.com) umrahmen getreue Nachbildungen der berühmtesten Pariser Bauwerke. Im Schatten des hier 171 m hohen *Eiffelturms*, der im halben Maßstab des Originals das Hauptgebäude beträchtlich überragt, finden sich auch die Pariser Oper, das Rathaus, der Louvre und der Arc de Triomphe. Von der Aussichtsetage des Eiffelturms genießt man Las Vegas aus der Vogelperspektive, etwas weiter unten lädt ein französisches Restaurant zu optischen und kulinarischen Genüssen ein. Auch das Innere des Kasinos selbst mit seinen kopfsteingepflasterten, von Bistros, Restaurants und noblen Geschäften gesäumten Boulevards gibt sich ganz französisch.

Allein im Bereich der Kreuzung Strip und Tropicana Avenue besitzt Las Vegas weit über 21 000 Hotelzimmer. Einen Teil davon kann das **MGM Grand** 15 (www.mgmgrand.com) für sich verbuchen. Eine der Attraktionen ist das *Lion Habitat* (tgl. 11–22 Uhr), ein Freigehege 20 km vom Hotel mit echten Löwen, den Wappentieren der *Metro Goldwyn Mayer* Filmstudios. In der *Grand Garden Arena* des Resorts treten Superstars wie Madonna auf oder muskelbepackte World Champions, die einander im Boxring gefährlich gestikulierend umtänzeln.

Das glamouröse **New York-New York** 16 (www.nynyhotelcasino.com) bildet die Skyline Manhattans mit ihren exzentrischen Wolkenkratzern nach und präsentiert u.a. eine 161 m hohe Replik des *Empire State Building*. Natürlich darf auch eine glaubwürdige Kopie der *Freiheitsstatue* nicht fehlen. Vor dieser achtunggebietenden Kulisse rast die Achterbahn *The Roller Coaster* über eine halsbrecherische Trasse mit scharfen Loopings und haarsträubendem Gefälle.

Ein Stück weiter versetzt das pyramidenförmige **Luxor** 17 (www.luxor.com) mit einer riesigen Sphinx am Eingang seine Gäste in moderne Wunderwelten, die äußerlich dem alten Ägypten ähneln.

Außerhalb des Kasinoorbits verfügt die Spielerstadt nur über wenige sehenswerte Attraktionen. Das ausgezeichnete **Liberace Museum** 18 (1775 E. Tropicana Ave., www.liberace.org, Di–Sa 10–17, So 12–16 Uhr) präsentiert die üppig dekorierten Pianos, die glänzenden Nobelkarossen und extravaganten, brilliantenbestückten Bühnenkostüme des exzentrischen Sängers und Pianisten *Liberace* (1919–1987). ›Mr. Showmanship‹, wie er genannt wurde, zählte seit den 1950er-Jahren zu den meistumjubelten Entertainern Amerikas. Er begründete den Ruf der Spielerstadt Las Vegas als Showbühne von Weltgeltung. Bereits 1955 erhielt er als bestbezahlter Unterhaltungsstar der Stadt bei der Eröffnungsfeier des Riviera Hotels eine Gage von rund 50 000 $.

Denkmal eines exzentrischen Klavierspielers – das Liberace Museum von Las Vegas

Honeymoon und Schokoladentorte – himmlischer Hochzeitsspaß à la Las Vegas

Heiraten leicht gemacht

Etwa 120 000 Paare pro Jahr schließen in der Spielerstadt **Las Vegas** den Bund fürs Leben. Die Art und Weise bleibt dem Brautpaar überlassen, ob ›ganz in Weiß‹ oder in mittelalterlichen Kostümen, auf einem Motorrad, im Helikopter oder in einem Heißluftballon, mit einer Elvis-Kopie als Trauzeuge oder auf die schnelle Tour im Auto sitzend. Die meisten Paare heiraten in einer der über 50 **Hochzeitskapellen** in den großen Hotels oder direkt am Strip, wo man von den Blumen über das Brautkleid bis zum Fotografen und Limousinen-Chauffeur alles Notwendige, je nach Geschmack und Geldbeutel auch in kompletten *Arrangements*, gleich dazu bestellen, mieten oder kaufen kann. Die Hochzeitskapellen am Strip wie die 1942 erbaute **The Little Church of the West** (4617 Las Vegas Blvd. S, Tel. 702/739-7971, Tel. 800/821-2452, www.littlechurchlv.com) bleiben an Wochenenden sogar rund um die Uhr geöffnet.

An **Formalitäten** müssen Heiratswillige lediglich ein Mindestalter von 18 Jahren mittels ihrer Reisepässe nachweisen, schon stellt das *Clark County Marriage License Bureau* (201 Clark Ave., Tel. 702/671-671 0600, tgl. 8–24 Uhr) in Downtown Las Vegas ohne Wartezeit eine **Marriage License** aus, mit der man umgehend im *Marriage Commissioner's Office* (309 S. 3rd St., Tel. 702/455-3474), dem Standesamt, oder mit allem Schnickschnack wie oben beschrieben Hochzeit halten kann.

Die Eheschließung erfolgt schnell und unbürokratisch, doch sie ist genauso **rechtskräftig** wie jede andere. Wenn die Gatten jedoch einen Eintrag im **Stammbuch** des heimischen Standesamtes wünschen, müssen sie eine vom *Clark County Recorder* (500 S. Grand Central Parkway, Las Vegas, NV 89106, Tel. 702/455-4336) ausgestellte ›rechtsgültige Heiratsurkunde‹ vom *Secretary of State* (State of Nevada Notary Division, 101 N. Carson St., Carson City, Nevada 89701, Tel. 775/684-5708) zur ›Apostille‹ beglaubigen und nach Hause senden lassen. Deutsche sollten den Versand der Unterlagen über das *Deutsche Honorarkonsulat* (4815 W. Russell Road, Suite 10 J, Las Vegas, NV 89118, Tel. 702/873-6717, Fax 702/873-9694, consul@vegasresidences.com) abwickeln. Das Büro hilft auch später bei eventuellen Rückfragen.

Ausflüge

54 km südöstlich von Las Vegas staut der **Hoover Dam** (www.usbr.gov/lc/hooverdam) den Colorado River zum 175 km langen Lake Mead auf, dem größten Stausee der USA. Bei seiner Inbetriebnahme 1936 zählte der Damm, der noch heute mit 221 m der zweithöchste der USA ist, zu den bautechnischen Meisterleistungen des Landes. Auf geführten *Touren* (tgl. 9–17 Uhr) kann man in die Tiefe des riesigen Kraftwerks hinabfahren und das Innenleben kennen lernen.

Vom US Hwy 93 Richtung Las Vegas genießt man einen hervorragenden Blick über den Stausee. An der Einmündung der SR 166 liegt auch das Visitor Center der **Lake Mead National Recreation Area** (www.nps.gov/lame). Das Erholungsgebiet umfasst den Lake Mead und den durch den Davis Dam bei Bullhead City aufgestauten knapp 110 km langen, aber sehr schmalen Lake Mojave. Unterhalb des Damms beginnen **Schlauchboottouren** (Black Canyon River Adventures, Tel. 800-455-3490, http://blackcanyonadventures.com) oder **Kajaktrips** (Boulder City Outfitters, Tel. 702/293-1190, www.bouldercityoutfitters.com) auf dem Colorado River bis zum 19 km entfernten, einsamen *Willow Beach* am Lake Mojave (vom US Hwy 93 aus zu erreichen).

Eine schöne Rundstrecke von 21 km Länge führt vorbei an den rostrot leuchtenden Felsformationen der **Red Rock Canyon National Conservation Area** (www.redrockcanyonlv.org) 27 km westlich von Las Vegas (Zufahrt über Hwy 159,

W. Charleston Blvd.). Das imposante Hochwüstengebiet, in dem noch wilde Esel leben, ist durch ein exzellentes Netz von *Wanderwegen* erschlossen und auch ein populäres Ziel von *Kletterern*.

Erodierte Sandsteinfelsen, deren Farbspektrum von weiß über tiefrot bis schwarz reicht, markante Gesteinsformationen wie der *Elephant Rock* und indianische Petroglyphen (Felsritzungen) faszinieren im **Valley of Fire State Park** (http://parks.nv.gov) 90 km nordöstlich von Las Vegas. Von seiner prachtvollsten Seite zeigt sich das Tal des Feuers vom Aussichtspunkt *Rainbow Vista* im Licht der Abendsonne. Die schönste Zufahrt zum Park führt entlang des Lake Mead über den *Northshore Scenic Drive* (SR 167) bis Overton Beach und weiter über die SR 169.

i Praktische Hinweise

Information

Las Vegas Convention & Visitors Authority, 3150 Paradise Rd., Las Vegas, Tel. 702/892-0711, Fax 702/386-7818, www.lvcva.com, www.visitlasvegas.com

Einkaufen

Fashion Show Mall, 3200 Las Vegas Blvd. S, Las Vegas, Tel. 702/784-7000, www.thefashionshow.com. 250 Geschäfte und sieben Kaufhäuser.

Las Vegas Premium Outlets, 875 South Grand Central Parkway, Las Vegas, Tel. 702/474-7500, www.premiumoutlets.com. Direktverkauf in 150 Designer Shops.

Shows

Blue Man Group, The Venetian, 3355 Las Vegas Blvd. S, Las Vegas, Tel. 866/641-7469, www.blueman.com. Blauköpfige bieten Musik und Multimediatheater.

Kà, MGM Grand, 3799 Las Vegas Blvd. S, Las Vegas, Tel. 800/929-1111, www.cirquedusoleil.com. Martial Arts Musical.

Les Folies Bergere, Tropicana Casino, 3801 Las Vegas Blvd. S, Las Vegas, Tel. 800/829-9034, www.tropicanalv.com. Pompöse Revue à la Moulin Rouge.

Love, Mirage, 400 Las Vegas Blvd. S, Las Vegas, , Tel. 702/792-7777, Tel. 800/963-9634, www.mirage.com. Eine Hommage an die Beatles mit ihren größten Hits.

Mystère, Treasure Island, 3300 Las Vegas Blvd. S, Las Vegas, Tel. 800/963-9634, www.cirquedusoleil.com. Märchenahfte Extravaganza mit bunten Fabelwesen.

Hotels

****** **Caesars Palace**, 3570 Las Vegas Blvd. S, Las Vegas, Tel. 702/731-7110, Tel. 866/227-5938, www.harrahs.com. Kasinohotel als Reminiszenz an das antike Rom.

****** **Golden Nugget**, 129 E. Fremont St., Las Vegas, Tel. 702/385-7111, Tel. 800/846-5336, www.goldennugget. com. Schickes Kasinohotel mit Haifish-Aquarium.

***** **Circus Circus**, 2880 Las Vegas Blvd. S, Las Vegas, Tel. 702/734-0410, 800/634-3450, www.circuscircus.com. Zirkushotel mit Achterbahn, Spaß den ganzen Tag.

**** **Plaza Hotel & Casino**, 1 Main St., Las Vegas, Tel. 702/ 386-2110, 800/634-6575, Fax 702/382-8281, www.plazahotelcasino.com. Über der Fremont Street Experience aufragendes Kasinohotel.

Restaurants

Carnival World Buffet, Rio Hotel & Casino, 3700 W. Flamingo Rd., Las Vegas, Tel. 702-777-7777, Tel. 866|746-7671, www.harrahs.com. 300 Speisen aus aller Welt.

Emeril's New Orleans Fish House, MGM Grand, 3799 Las Vegas Blvd. S, Las Vegas, Tel. 702/891-7374, www.emerils.com. Beste Fischgerichte nach kreolisch-feurigen Rezepten und Cajun-Küche.

TOP TIPP **Picasso**, Bellagio, 3600 Las Vegas Blvd. S, Las Vegas, Tel. 702/693-7223, Tel. 866/259-7111, www.bellagio.com. Superbe französische Küche, exzellente Weine und Kunst von Picasso.

Top of the World, Stratosphere Hotel & Casino, 2000 Las Vegas Blvd. S, Las Vegas, Tel. 702/380-7711, Tel. 800/458-3002, www.topoftheworldlv.com. Steaks und Fisch im Drehrestaurant des 106. Stocks.

Auf der Jagd nach Geld und Glück im gediegenen Ambiente einer Spielhalle in Vegas

PAPILLON GRAND CANYON HELICOPTERS
5

Grand Canyon und Colorado River – an der gewaltigen Schlucht

Hier und dort blinkt aus der Tiefe des **Grand Canyon** das Band des Colorado River silberblau herauf. Allein die Kraft des Stroms hat diese fantastische Schluchtenlandschaft geschaffen. Menschenhand dagegen erzeugte weiter flussaufwärts durch Aufstauen des Colorado River mit dem *Lake Powell* den zweitgrößten amerikanischen Stausee, der zum Wassersport in der Wüste einlädt. Südlich des Sees bei **Page** streben wie von Geisterhand aus dem weichen Sandstein geschmirgelt die Wände des schmalen *Antelope Canyon* dem blauen Himmel entgegen. Überwältigende Landschaftserlebnisse bieten sich aber auch flussabwärts des Colorado River: In tiefster Einsamkeit durchziehen westlich von **Moab** unregelmäßige Waben von Canyons und Plateaus den **Canyonlands National Park**, während auf der anderen Seite der Stadt im benachbarten **Arches National Park** Hunderte von wohlgeformten Steinbögen eine einzigartige Kulisse bilden.

2 Grand Canyon National Park

Karte hintere Umschlagklappe

Viele faszinierende Anblicke bietet dieses fantastische Bilderbuch der Zeitgeschichte.

Atemberaubend und unvergesslich ist der erste Eindruck vom Grand Canyon National Park im Nordwesten Arizonas. Ehrfürchtig schweift das Auge über die einsamen Plateaus, abgetreppten Steilhänge und tiefen Schluchten. Wie ein aufgerissener Erdschlund mit dem **Colorado River** in der Mitte bietet sich der 17 Mio. Jahre alte Grand Canyon dar und offenbart zugleich einen gigantischen Querschnitt durch die **Geologie** Nordamerikas. Zwölf verschiedene Gesteinsformationen lagerten sich im Laufe der Zeit Schicht für Schicht auf dem Rücken des 1,8 Mrd. Jahre alten präkambrischen Bodens am Grund des Canyons ab. Als sich das Colorado Plateau vor rund 65 Mio. Jahren um etwa 1,5 km anhob, begann sich der Colorado River auf seinem Weg zum Golf von Kalifornien tief in das Plateau einzufräsen und brachte die verschiedenfarbigen Gesteinsschichten zum Vorschein: vom oberen Kaibab-Kalkstein über Zoroaster-Granit bis zu Vishnu-Schiefer am Flussgrund.

Der Grand Canyon erstreckt sich über 446 km. Aus der Höhe kann man ihn nur vom 50 km langen Streifen am *South Rim* (Südrand) und von zwei Stellen am *North Rim* (Nordrand) bis in das tiefste Schluchteninnere am Colorado River überblicken. Statt einer Strecke von 16 km via Luftlinie oder 34 km auf dem Wanderweg legt man vom Süd- zum Nordrand ›außen herum‹ 345 km zurück. Der South Rim kann am *Grand Canyon Village* 2100 m Höhe vorweisen, während der gegenüberliegende North Rim vom Canyonboden an der Phantom Ranch (730 m) auf über 2500 m ansteigt. Gleichermaßen prägen große **klimatische Kontraste** den Canyon. Während am wärmeren South Rim – die maximalen Sommertemperaturen liegen bei fast 30 °C – im Grand Canyon Village die Hotels und Restaurants ganzjährig geöffnet sind, werden die Parkeinrichtungen am kühlen, bewaldeten North Rim von Mitte Oktober bis Mitte Mai geschlossen. Bis in den Juni hinein hält sich hier der letzte Schnee, und selbst im Hochsommer rutschen die Temperaturen nachts

Das Schluchtenwunderland Grand Canyon kann man zu Fuß auf dem South Kaibab Trail **(oben)**, *per Helikopter* **(Mitte)** *oder auf einem Reitausflug über den Bright Angel Trail* **(unten)** *erkunden*

Andacht am Abgrund – vom Aussichtspunkt Mather Point am South Rim zeigt sich der Grand Canyon in seiner ganzen Schönheit

zuweilen in Gefrierpunktnähe. Richtig heiß wird es im Sommer am Boden des Canyons, hier steigen die Temperaturen auf über 40 °C. Die meisten **Besucher**, bis zu 5 Mio. jährlich, konzentrieren sich in dem schmalen Bereich am Südrand der Schlucht, nur wenige steigen auf einem der zwei Wanderwege in die Tiefe hinab. Vergleichsweise ruhig geht es auch am abgelegenen North Rim mit seinen zwei spektakulären Aussichtspunkten zu.

Ab dem Jahr 500 lebten am Canyonrand die **Anasazi**, Reste zahlreicher Siedlungen hat man in der Region entdeckt. Aus der Blütezeit dieser Kultur stammt das 1185 entstandene *Tusayan Pueblo*, dessen Ruinen heute zu besichtigen sind. Erst nach dem Untergang der Anasazi stießen erstmals **Europäer** zu der Schluchtenlandschaft vor: Im Rahmen einer Expedition gelangte Garcia López de Cárdenas 1540 – geführt von Hopi-Indianern – an den Südrand des Grand Canyon. 1776 bereisten die spanischen Franziskanerpater Francisco Dominguez und Sylvestre Velez de Escalante die Nordseite ohne den Canyon selbst zu entdecken. Major John Wesley Powell und neun furchtlose Begleiter durchquerten 1869 erstmals den Grand Canyon. Sie fuhren auf einem Floß den Colorado River hinab.

Obwohl der gigantische Erdschlund schon bei den Entdeckern und frühen Reisenden einen tiefen Eindruck hinterließ, offenbarte sich erst gegen Ende des 19. Jh., dass sich im Grand Canyon mit dem **Tourismus** besser Geld verdienen ließ, als mit dem ab den 1880er-Jahren hier betriebenen Abbau von Zink, Kupfer, Blei und Asbest. Bald entstanden die ersten großen Touristenunterkünfte – 1905 z. B. das *El Tovar Hotel* [s. S. 32]. Die Besucher kamen mit der neuen *Santa Fe Railroad*, der Bahnhof im Blockhausstil wurde

1909 eröffnet. 1919 wurde die Schlucht zum Grand Canyon National Park erklärt.

Am South Rim – Rim Trail

Schon wenige Kilometer hinter der südlichen Parkgrenze stößt man am **Mather Point** 1 beinahe urplötzlich an den Abgrund des Grand Canyon. Eine nach Osten ausgerichtete Plattform bietet einen ersten dramatischen Ausblick auf die Schluchtenlandschaft. Nahebei liegt die *Canyon View Information Plaza* mit Visitor Center (tgl. 8–17 Uhr, Shuttle-Bus) und Rangern, die bei der Planung der Besichtigung behilflich sind.

Von hier schlängelt sich der 20 km lange *Rim Trail* am Canyonrand entlang westwärts bis Hermits Rest. Als erstes Ziel auf dem beeindruckenden Wanderweg verlockt die **Yavapai Observation Station** 2 mit großen Panoramafenstern zu einem tiefen Blick ins Tal. Dann geht es vorbei an den Hotels und Restaurants des **Grand Canyon Village** 3 zum **Maricopa Point** 4 mit einem weiteren grandiosen Panoramablick. Hier endet der asphaltierte Teil des Wanderweges.

TOP TIPP

Die für Privatfahrzeuge gesperrte, 13 km lange Hermit Road zwischen dem Grand Canyon Village und **Hermits Rest** 5, dem westlichsten Aussichtspunkt, kann man zu Fuß oder per Bus erkunden. Nach Belieben steigt man an einem Stopp unterwegs aus, spaziert ein Stück auf dem parallel verlaufenden Rim Trail und fährt ab der nächsten Bushaltestelle weiter. Unterwegs vermitteln acht fantastische Aussichtspunkte noch eindrucksvollere *Panoramen* der Canyontiefen als im Bereich des Grand Canyon Village. Zum Sonnenuntergang finden sich viele Besucher in diesem Teil des South Rim ein.

Wanderungen in den Canyon

Der populäre *Bright Angel Trail* beginnt an der **Bright Angel Lodge** 6 und folgt dem Verlauf eines alten Indianerpfads, der ab 1891 auch Zugang zu den Minen im Canyon bot. Auf dem serpentinenreichen Abstieg – alle 2,5 km gibt es eine Wasserstelle – gelangt man zum 7,5 km entfernten Rast- und Campingplatz **Indian Gardens** 7. Von dort führt ein Abstecher von 2,5 km Länge durch ebenes Gelände bis zum **Plateau Point** 8, von dem sich ein herrlicher Blick auf den Colorado River und die Canyonlandschaft eröffnet. Er bildet meist den Umkehrpunkt für die Tagestour. Der Bright Angel Trail selbst endet nach 15,5 km (und 1340 m Höhenunterschied) im Canyongrund an der **Phantom Ranch** 9 auf der Nordseite des Colorado River, den eine Fußgängerbrücke überquert.

Der zweite Canyonweg des South Rim, der 11,5 km lange, steil abwärts führende *South Kaibab Trail*, beginnt vor dem **Yaki Point** 10 östlich des Grand Canyon Village (Shuttlebus). Er überwindet bis zur Phantom Ranch 1480 m Höhenunterschied. Wegen fehlender Wasserstellen wird der Trail weniger frequentiert, und man kann das exzellente Panorama ganz in Ruhe genießen.

Der Versuchung, beide Wege zu einer Tageswanderung zu verbinden, sollten nur austrainierte, mit sehr viel Wasser ausgestattete Bergsteiger nachgeben. Selbstüberschätzung kann unter den extremen Klimabedingungen des Grand Canyon leicht zum Hitzschlag oder zu Schlimmerem führen.

Am South Rim – Desert View Drive

Auch der 35 km lange *Desert View Drive* zwischen Mather Point und Desert View bietet zahlreiche grandiose Aussichtspunkte. Zunächst geht es in einiger Entfernung vom Canyonrand bis zum **Grandview Point** 11, dessen Name bereits die Großartigkeit des zu erwartenden Panoramas ankündigt. Das gilt auch für den Grandview Trail, der ab hier 5 km hinab zur Horseshoe Mesa führt.

Eingebettet in ein Waldstück liegen die **Tusayan Ruin and Museum** 12 (tgl. 9–17 Uhr). Es gibt Mauerreste zu sehen und in dem kleinen Museum Holzskulpturen und Töpferwaren, die eine Besiedlung durch Anasazi-Indianer vor rund 800 Jahren dokumentieren. Nicht weit entfernt erlaubt der **Lipan Point** 13 einen schönen Blick auf den Colorado River sowie ost- und westwärts durch den Canyon. Bei Sonnenaufgang leuchtet das Sedimentgestein hier tiefrot. Vor dem Verlassen des Parks hält man am 21 m hohen **Desert View Watchtower** 14 (tgl. 9–17 Uhr), dem östlichsten Aussichtspunkt des South Rim. Dieser 1932 von der Architektin Mary Elizabeth Jane Colter konstruierte zylindrische Turm im historischen Anasazi-Baustil eröffnet ein 360-Grad-Panorama des Grand Canyon, der kargen Hochebenen und der San Francisco Mountains, der höchsten Berge Arizonas.

Arbeitsbesprechung der Cowboys – die bevorstehende Muli-Exkursion wird Gäste auf dem Bright Angel Trail in die Tiefe des Grand Canyon führen

Stippvisite am North Rim

Da viele Besucher den weiten Weg vom South zum North Rim scheuen, sind die dortigen Wanderpfade und Aussichtspunkte weniger überlaufen. Wer also die Naturschönheiten ungestörter genießen möchte, ist hier richtig.

An der **Grand Canyon Lodge** 15 beginnt ein kurzer Fußweg am Canyonrand entlang zum **Bright Angel Point** 16, der einen überwältigenden Blick über den tiefer gelegenen South Rim hinweg ermöglicht. Ein besonderes Schauspiel bietet sich bei Sonnenuntergang, wenn die Felsformationen der Schlucht in kraftvollen Rottönen leuchten.

Etwa 3 km nördlich der Grand Canyon Lodge nimmt der 23 km lange *North Kaibab Trail* seinen Ausgang. Er folgt der Schlucht des **Bright Angel Creek** 17 steil abwärts bis zur Mündung in den Colorado River (1780 m Höhenunterschied). Der Pfad ist jedoch weniger spektakulär als seine südseitigen Pendants, da sich der Ausblick auf den Colorado River erst kurz vor der Phantom Ranch öffnet.

Wegen der schönen Ausblicke lohnt eine Fahrt auf der 32 km langen Stichstraße zum Cape Royal (Abzweigung 5 km

Geologielehrstück aus der Vogelperspektive – der Colorado River zersägte das brettflache, begrünte Colorado Plateau mit seinen Wassermassen und ließ so den Grand Canyon entstehen

nördlich der Grand Canyon Lodge). Zunächst passiert man die Abzweigung zum **Point Imperial** 18, der als höchster Aussichtspunkt (2683 m) abseits des Grand Canyon einen guten Überblick über die zerklüfteten Plateaus bietet. Ein 500 m langer Fußweg führt vom Straßenende zum **Cape Royal** 19, das ein herrliches Panorama der Schlucht samt Colorado River präsentiert. Großartig ist die Aussicht auch von dem markanten natürlichen Steinbogen *Angels Window*, zu dem unterwegs ein kurzer Pfad abzweigt.

Ausflug

Seit 2007 lockt an einem Seitenarm des Grand Canyon (390 km westlich des South Rim bzw. 195 km östlich von Las Vegas, Zufahrt auf mäßiger Schotterstraße) eine weitere Attraktion: Auf dem Gebiet der Hualapai Indian Nation am Grand Canyon West ragt der **Skywalk** (www.grandcanyonskywalk.com, www.destinationgrandcanyon.com, im Sommer tgl. 7.30–19.30 Uhr, sonst kürzer), eine freischwebende hufeisenförmige Aussichtsplattform, 22 m über den Hochplateaurand hinaus. Der Stahlbalkon mit Glasboden und Glasgeländer gewährt grandiose Aus- und vor allem Tiefblicke. Das Erlebnis wird jedoch beeinträchtigt von dem strengen Fotografierverbot und den hohen Kosten der Besichtigung, die beträchtliche Zugangs-, Park-, und Eintrittsgebühren umfassen.

i Praktische Hinweise

Information

Grand Canyon National Park, Tel. 928/638-78 88, Fax 928/638-77 97, www.nps.gov/grca. Visitor Centers gibt es an allen Hauptbesichtigungspunkten im Nationalpark.

Kostenlose Shuttlebusse

Hermits Rest Route: vom Westende des Grand Canyon Village bis Hermits Rest (März–Nov. tgl. 4.15. Uhr bis 1 Std. nach Sonnenuntergang, alle 15–30 Min.)

Village Route: Rundtour durch das Grand Canyon Village (tgl. 4.15–23 Uhr, alle 15–30 Min.).

Kaibab Trail Route: von der Canyon View Information Plaza am Mather Point bis Yaki Point und South Kaibab Trailhead (tgl. 4.15 Uhr bis 1 Std. nach Sonnenuntergang, alle 15 Min.)

Rundflüge

Die 25–50 Min. dauernden Sightseeing-Flüge starten vom Grand Canyon Airport in Tusayan, 10 km südlich des South Rim.

Papillon Grand Canyon Helicopters, Tel. 888/635-7272, www.papillon.com

Grand Canyon Airlines, Tel. 866/235-9422, www.grandcanyonairlines.com

Reiten

Mulirritte, Reservierung spätestens 3–6 Monate im Voraus unter Tel. 928/638-2631, www.grandcanyonlodges.com. Die Tagestour (ca. 7 Std.) führt auf dem Bright Angel Trail zum fast 950 m tiefer gelegenen Plateau Point und wieder zurück zum South Rim. Zweitägige Ausflüge mit Übernachtung auf der Phantom Ranch.

Kino

Grand Canyon National Geographic IMAX Theater, Tusayan, 10 km südlich des South Rim, www.explorethecanyon.com, März–Okt. tgl. 8.30–20.30, sonst 10.30–18.30 Uhr. Beeindruckender Riesenleinwandfilm über Geschichte und Geologie des Grand Canyon.

Hotels

Xanterra, Phantom Ranch, South Rim, Tel. 928/303/297-2757, Tel. 888/297-2757, Fax 303/297-3175, www.xanterra.com. Zimmer im Nationalpark müssen lange im Voraus reserviert werden. Kurzfristig unter Tel. 928/638-2631, Fax 928/638-9810

TOP TIPP ***El Tovar Hotel**, Grand Canyon Village. 1905 erbaute Luxusherberge mit nostalgisch-rustikalem Ambiente und allem Komfort am South Rim. Gutes Restaurant.

Idealer Stützpunkt für Canyon-Erkunder ist das traditionsreiche El Tovar Hotel

****Bright Angel Lodge**, Grand Canyon Village, South Rim. Das zünftige Hotel von 1936 mit Restaurant bietet relativ preiswerte Zimmer und Blockhütten am Beginn des Bright Angel Trail.

****Grand Canyon Lodge**, North Rim, www.grandcanyonnorthrim.com, Tel. 928/638-2611, Tel. 877/386-4383, Fax 928/638-2554. Das einzige Hotel am North Rim von 1937 verfügt über 40 Zimmer und 160 Blockhütten (Mitte Okt.–Mitte Mai geschl.).

***Phantom Ranch**. Die einzige Herberge im Tal unweit des Colorado River bietet Cafeteria, Schlafsaalbetten und Hütten. In der Nähe befindet sich der einzige Campingplatz im Flusstal.

Camping

Desert View, 42 km östlich des Grand Canyon Village, Soouth Rim, Tel. 928/638-7875. Kleine Anlage am Osteingang des Parks, Stellplätze ohne Anschlüsse.

Mather Campground, Grand Canyon Village, South Rim, Tel. 877/444-6777, www.recreation.gov. Bewaldeter Platz mit exzellenter Infrastruktur, Stellplätze ohne Anschlüsse.

North Rim Campground, am North Rim, Reservierung: 877/444-6777, www.recreation.gov. Schön im Wald gelegener, einfacher Campingplatz.

Trailer Village, Grand Canyon Village, South Rim, Reservierung bei Xanterra. Gut ausgestattete Wohnmobilanlage.

Restaurant

Arizona Room, Bright Angel Lodge, Grand Canyon Village, Tel. 928/638-2631. Gemütliche Westernatmosphäre. Den Köchen kann man beim Brutzeln der Steaks, Geflügel- und Fischgerichte zuschauen.

3 Lake Powell

Pompöse Dramatik in Stein und Wasser – die skurrile Schönheit eines Wüstensees.

Wo sich auf dem Tafelland am Nordwestrand der *Navajo Indian Reservation* einst eine hitzeflirrende Kulisse mit bizarren Sandsteinfelsen erstreckte, lockt heute der knapp 300 km lange Lake Powell mit Badefreuden und Hausboottouren. Er ist der Mittelpunkt der **Glen Canyon Na-**

Auf Entdeckungskurs in den Schluchten des Glen Canyon – seit der Entstehung des riesigen Stausees Lake Powell steht den Felsgiganten das Wasser bis zum Hals

tional Recreation Area, die ein über 5000 km² großes Gebiet entlang des Colorado River zwischen dem Canyonlands National Park in Utah und dem Grand Canyon National Park in Arizona umfasst. Die 3150 km lange Uferlinie fasziniert mit rostroten und gelben Sandsteinklippen, Sandstränden, einsamen Canyons und imposanten Felswänden. Im Hinterland dehnen sich unwirtliche Trockenzonen aus, in deren heißem Klima nur spärliche Vegetation gedeihen kann. Wegen der

Auf den wilden Wassern des Colorado River

Das im Marble Canyon am Nordostende des Grand Canyon an der Mündung des Paria in den Colorado River gelegene **Lees Ferry** ist Ausgangspunkt der meisten Schlauchboottrips durch die grandiose Schluchtenlandschaft. Seinen Namen verdankt der kleine Ort John D. Lee, der hier 1872, fast 60 Jahre vor der Errichtung der Brücke, die erste Fähre der Region betrieben hatte.

TOP TIPP

Im Gegensatz zu Major John Wesley Powells erster, verwegener Floßfahrt sind die **Schlauchboottouren** inzwischen aufgrund der Flussregulierungen, die dem Colorado River einen Teil seiner überwältigenden Kraft genommen haben, nicht mehr so riskant, sondern vielmehr ein sportliches und landschaftlich reizvolles Erlebnis. Die 11 m langen Boote fassen 12–16 Personen. Minimal dauern die Raft Trips mit Motorunterstützung auf den ruhigen Flusspassagen bis zur 140 km entfernten **Phantom Ranch** drei Tage, acht Tage bis zum 450 km entfernten Canyonende bei **Pearce Ferry** in der angrenzenden Lake Mead National Recreation Area. Reine Paddelexkursionen für 4–5 Personen in 5-m-Rafts sind doppelt so lange unterwegs.

Eine Liste aller offiziellen **Tourenveranstalter** findet man im Internet unter www.nps.gov/grca.

Dürre, die seit 1998 den Südwesten der USA heimsucht, sind die Pegelstände des Lake Powell mittlerweile deutlich gefallen, in den letzten Jahren mussten deshalb die Bootsanleger verlegt und neue Schifffahrtswege gesucht werden.

Entstanden ist der zweitgrößte *Stausee* der USA durch die Errichtung des gigantischen **Glen Canyon Dam**, der sich am Südwestende des Lake Powell 216 m hoch aus der Schlucht des Colorado River erhebt. Mit einer 475 m langen und 8 m breiten Krone wurde dieses Meisterwerk der Technik zur Flutkontrolle des Flusses 1956–64 in den Navajo-Sandstein hineingebaut. Sein Kraftwerk versorgt die Großstädte des Westens mit Energie. Einen interessanten Überblick über die technischen Aspekte des Damm-, Kraftwerk- und Brückenbaus gibt das moderne **Carl Hayden Visitor Center** (Tel. 928/608-6404, www.nps.gov/glca, Juni–Anfang Sept. tgl. 8–18, sonst tgl. 8–17 Uhr). Mit einem Aufzug kann man zum Kraftwerk im Inneren des Damms hinabfahren und dort die riesigen Turbinen bestaunen.

Top Tipp

Am Staudamm beginnen auch die 24 km langen *Float Trips* (Colorado River Discovery, Tel. 888-522-6644, www.coloradoriverdiscovery.com) durch den **Glen Canyon**, die sich hervorragend als Familienausflüge eignen. Es gibt keine nennenswerten Stromschnellen zu meistern, und so treibt das motorisierte Schlauchboot auf dem Colorado River durch die großartige Kulisse steil aufragender Felswände mit Zwischenstopp zur Betrachtung indianischer Petroglyphen bis nach Lees Ferry. Der 72 km lange Rücktransport erfolgt per Bus, u. a. über den attraktiven Antelope Pass auf dem US Hwy 89.

Am Lake Powell selbst bietet die **Wahweap Marina**, 8 km nördlich des Glen Canyon Dam an der Staatengrenze Arizona/Utah, ein reiches Wassersportangebot. Der aus einer Anlegestelle entstandene kleine Ort bietet Hotel, Campingplatz und Jachthafen mit Bootsverleih. Mehrmals täglich kann man von hier aus *Seerundfahrten* mit der ›Canyon Princess‹ (www.lakepowell.com) zum Frühstück oder Dinner unternehmen.

Weitere Schiffstouren gehen z.B. zum Navajo Canyon, Antilope Canyon oder zum 80 km entfernten **Rainbow Bridge National Monument** (www.nps.gov/rabr), einer der größten natürlichen Steinbrücken der Welt, starten ebenfalls von der Wahweap Marina. 2 km läuft man dann von der Bootsanlegestelle zur Brücke aus rötlich-gelbem Navajo-Sandstein. In 88 m Höhe und 84 m breit wölbt sich *Nonnoshoshi*, der ›versteinerte Regenbogen‹, über den seit dem Staudammbau wasserführenden Bridge Canyon.

Steter Tropfen höhlt den Stein – ein Nebenfluss des Colorado River schuf mit der Präzision eines Ingenieurs die gigantische Felsbrücke Rainbow Bridge

Alice im Wunderland – das Antelope Canyon bezaubert mit verwunschenen Pfaden durch scharf geschliffene, bizarre Felsformationen

In **Hite Marina** (von hier können wegen des gefallenen Wasserpegels keine Schiffe mehr ablegen), wo die SR 95 auf einer stählernen Brücke den Lake Powell überquert, erinnern lediglich Schilder an die Goldgräberstadt Hite, die 1964 zusammen mit dem ersten Straßenzugang zum Glen Canyon in den Fluten des Stausees versank. Bei der Anfahrt aus Nordwesten offenbart sich eine fast außerirdisch anmutende Szenerie. Von der zum See hinunter führenden Straße blickt man auf ein baum- und strauchloses, unglaublich zerklüftetes Canyonland mit dem riesigen See als blauem Farbtupfer. Als vorzügliche Panorama-Picknickplätze bieten sich die ausgeschilderten Aussichtspunkte auf den Lake Powell an.

Größter Ort und touristisches Zentrum ist die aus einem Camp für Dammbauarbeiter ab 1957 entstandene Stadt **Page** (6800 Einw.) 3 km südöstlich des Glen Canyon Dam. Neben guten Einkaufs- und Unterkunftsmöglichkeiten bietet der Ort auch zahlreiche Urlaubsaktivitäten und Ausflugsfahrten.

10 km östlich von Page (an der SR 98) befindet sich der Ausgangpunkt für die

Touren durch den **Antelope Canyon Navajo Tribal Park** (Tel. 928/698-2808, www.navajonationparks.org, Mai–Okt. tgl. 8–17 Uhr). Die geführten Touren gehen per Jeep bis zum Eingang der stellenweise nur 1 m breiten Schlucht. Die fantastische Naturkulisse könnte aus einem Märchen stammen: Zwischen den knapp 40 m hoch aufragenden Felswänden, die vom Wasser zu bizarren Formen ausgeschliffen wurden, lässt das Tageslicht den Sandstein der Schlucht in allen Orange- und Rottönen leuchten – ein einzigartiges Farbenschauspiel.

Bei Gefahr von Gewittern oder nach heftigen Regenfällen finden keine Fahrten statt, da sich der meist trockene Antelope Canyon dann in einen reißenden Bach verwandeln kann.

i Praktische Hinweise

Information

Lake Powell Resorts & Marinas, 100 Lakeshore Drive, Page Tel. 928/645-2433, Fax 928/645-1031, www.lakepowell.com

Page Lake Powell Chamber of Commerce, 608 Elm St., Page, Tel. 928/645-2741, 888/261-7243, Fax 928/645-3181, www.pagelakepowelltourism.com

Hotel

*****Lake Powell Resort**, 100 Lakeshore Dr., Page, Tel. 928/645-2433, Tel. 888/896-3829, www.lakepowell.com. Resorthotel am Jachthafen mit Bootsverleih.

4 Canyonlands National Park

Ungezähmte, atemberaubende Naturkulisse im Herzen des Colorado Plateau.

Bizarr geformte Bögen, Türme und Tafelberge aus Sandstein sowie eindrucksvolle Schluchtlabyrinthe bilden im Canyonlands National Park eine einzigartig kontrastreiche Landschaft, die zu den ursprünglichsten Naturräumen der USA zählt. Die Flussläufe von Green und Colorado River teilen den Park in drei Bereiche. *Island in the Sky* heißt das Areal zwischen den beiden Flüssen im Norden, *The Needles* liegt im Südosten und das nur mit Jeep oder Schlauchboot erreichbare *The Maze* im Südwesten. Weiter westlich befindet sich der nicht mit den Hauptbereichen verbundene vierte Parkteil, der *Horseshoe Canyon* mit seinen

Land Art oder Fata Morgana – wie die zerfurchte Knusperkruste eines Brotlaibs präsentiert sich das Colorado Plateau vom Grand View Point Overlook im Canyonlands National Park

Luftaufnahme eines überdimensionalen, steinernen Nadelkissens – virtuose Naturkräfte gestalteten die The Needles genannten Felsen im Canyonlands National Park

prähistorischen Felszeichnungen und Felsritzungen.

Island in the Sky

Island in the Sky (ab Moab 50 km lange Zufahrt über US Hwy 191 und SR 313) umfasst ein trinkwasserloses Dreiecksplateau. Zahlreiche Aussichtspunke wie der kurz hinter dem *Visitor Center* auf einem schmalen Felsgrat gelegene **The Neck** mit schönem Ausblick auf fantastische Sandsteinformationen im Tal säumen die Parkstraßen. 9 km weiter beginnt kurz vor der Straßengabelung der 1 km lange Rundweg **Mesa Arch Trail**. Er führt zu einem schmalen Felsbogen am Rande eines Abgrunds. Von hier oben schließlich eröffnet sich ein herrliches Panorama mit den majestätischen La Sal Mountains in der Ferne.

Seinem Namen alle Ehre macht der **Grand View Point Overlook** am südlichen Endpunkt der Straße. Der großartige Ausblick reicht gut 100 km weit über eine atemberaubende Landschaft mit steilen Sandsteintürmen und gähnenden Schluchten. Lohnend ist die

TOP TIPP

1,5 km lange Wanderung auf dem **Grand View Point Trail**, der am Aussichtspunkt beginnt. Vom Rand hoher Klippen bieten sich unvergessliche Ansichten der vielfarbig leuchtenden Felsformationen und der blauen Flussmäander von Green und Colorado River in rund 700 m Tiefe.

Ein erstaunliches geologisches Phänomen lässt sich am nordwestlichen Ende der Parkstraße bewundern: Auf einem 1,5 km langen Wanderweg steigt man hinauf zum Rand des runden, 450 m tiefen Kraters **Upheaval Dome**, der vermutlich durch einen Meteoriteneinschlag vor rund 60 Mio. Jahren entstanden ist.

Ein besonderes Erlebnis für Liebhaber von Geländetouren in relativer Einsamkeit ist der 120 km lange **White Rim Trail**. Die Piste verläuft auf einer durchgehenden Sandsteinstufe 400 m unterhalb des Island in the Sky. Mit Jeep oder Mountainbike ist sie in 2–4 Tagen zu bewältigen. Fahrzeuge kann man in Moab leihen (Moab Jeep Rentals, 1125 S. Hwy 191, Tel. 435/259-74 94, www.moabjeeprentals.com), für Übernachtungen ist ein *Backcountry Permit* erforderlich. Zugang zum White Rim Trail besteht ab Moab über die Potash Road sowie über die Shafer Trail Road innerhalb des Parks.

The Needles

Seinen Namen verdankt The Needles einer Vielzahl von rostrot und weiß gestreiften kolossalen Sandsteinnadeln, die hier überall aus der zerklüfteten Landschaft aufragen und im direkten Kontrast zum grünen Bewuchs des Bodens einen atemberaubenden Anblick bieten. Diesen Bereich des Parks erreicht man nur von Osten über die 56 km lange SR 211, an der sich 19 km hinter der Abzweigung von US Hwy 191 ein Stopp am **Newspaper Rock** lohnt. Auf diesem ›Zeitungsfelsen‹, der sich unter einem Überhang etwas abseits der Straße befindet, sind prähistorische indianische Zeichnungen wie kleine Bildgeschichten eng aneinander gereiht. Allerdings findet man dazwischen auch neuzeitliche Inschriften.

Ein idealer Ausgangspunkt für interessante Wanderungen in The Needles ist der 11 km hinter dem Parkeingang gelegene **Squaw Flat Campground**. Als relativ einfacher Rundweg von 12 km Länge lassen sich von hier aus z. B. *Big Spring Trail* und *Squaw Canyon Trail* kombinieren, die teils steil abwärts (bei Regen sind die Wege gefährlich!) durch Wüstenvegetation in einen eindrucksvollen Felskessel führen.

Ein weiterer Startpunkt für Touren liegt am nördlichen Ende der Parkstraße. Auf einem Plateau aus glatt gewaschenem Fels, von dem sich immer wieder schöne Ausblicke ergeben, verläuft der 4 km lange **Slickrock Trail**. Das Gestein ist von zahlreichen verkrusteten Vertiefungen durchsetzt, die bei Gewittergüssen zu Trinkwasserquellen werden. Sie bieten auch während längerer Trockenperioden Lebensraum für eine Vielzahl von Tieren und Pflanzen.

Zu den schönsten Wanderwegen im Park zählt der **Confluence Overlook Trail**, der am *Big Spring Canyon Overlook* beginnt. Dieser 9 km lange, abwechslungsreiche Pfad hat einen prachtvollen Aussichtspunkt 300 m hoch über dem Zusammenfluss von Green River und Colorado River zum Ziel.

Durch das schier endlose Hinterland des Canyonlands National Park führt einer der populärsten *Schlauchboottrips* auf dem Colorado River. 22 km ungebändigtes Wildwasser (bes. Mai–Juli) und atemberaubende Stromschnellen in einer von tiefen Flusstälerngeprägten Felsszenerie, die Major John Wesley Powell 1869 erstmals erkundete, erwarten den Rafter im **Cataract Canyon** südlich der Mündung des Green River in den Colorado River. Für den 177 km langen Schlauchboottrip zum Lake Powell [s. S. 34], den viele Veranstalter von Moab aus anbieten (z. B. Adrift Adventures, s. S. 39), braucht man 5–7 Tage, mit Motorantrieb sind es nur 1–3 Tage.

i Praktische Hinweise

Information

Canyonlands National Park, Tel. 435/719-23 13, Fax 435/719-23 00, www.nps.gov/cany

Camping

Willow Flat Campground, Island in the Sky. Großzügiger und im Sommer bereits früh am Tag belegter Campingplatz nahe dem Green River Overlook.

Squaw Flat Campground, The Needles. Fantastische Lage am Fuße der Felsen.

5 Moab

Einsamer Vorbote der Zivilisation.

Die an einer Furt des Colorado River zwischen Arches National Park und Canyonlands National Park gelegene Kleinstadt Moab (4800 Einw.), die Ende des 19. Jh. noch Treffpunkt von *Butch Cassidy* und anderen Banditen und in den 1950er-Jahren ein Kerngebiet des Uranabbaus war, stellt sich heute als Zentrum eines florierenden **Outdoor-Tourismus** dar. Mit einer Fülle von Ausrüstern und Veranstaltern zählt Moab inzwischen zu den populärsten Stützpunkten für Aktivurlauber, insbesondere für Mountainbiker und 4-Wheel-Driver.

Auf dem 16 km langen, legendären **Slickrock Bike Trail** östlich der Stadt finden z. B. Extremradler dank des nackten Sandsteinuntergrunds ein ideales Terrain, Freunde von Jeepsafaris können die rauen Bergstraßen der einstigen Uranbergwerke nutzen.

Auf dem **Colorado River** werden je nach Streckenabschnitt und Wasserstand Schlauchboot-, Jetboat- und Kanufahrten durchgeführt. Sechs Stromschnellen zwischen *Hittle Bottom* und *Take-out Beach* liegen von Moab flussaufwärts bis Fisher Towers [s. S. 39]. Sie sind im Mai und Juni am höchsten, im September weniger aufregend. Von Moab flussabwärts bis zur Mündung des Green River gibt sich der Colorado River dagegen ausgesprochen ruhig. Die schöne, 100 km lange Strecke eignet sich daher bestens für gemütliche ein- bis viertägige Kanutrips.

Stützpunkt für Abenteuerer und Aktivurlauber – Moab mit seinem reichen Angebot an Naturtrips und Sporttouren ist nichts für Faulenzer

Ausflüge

In imposanter Lage auf einem von 600 m hohen, steil abfallenden Felsen begrenzten Plateau 53 km südwestlich von Moab (via US Hwy 191 und SR 313) liegt der grandiose **Dead Horse Point State Park**. Zu Füßen dieser gigantischen *Aussichtskanzel* am Rande des Canyonlands National Park windet sich der Colorado River durch den schmalen Canyon. Seinen Namen verdankt der Park einer indianischen Überlieferung, derzufolge Herden wilder Mustangs hier einst während Treibjagden in den Hinterhalt einer Felsenge getrieben wurden. Aus dieser Sackgasse gab es für sie kein Entkommen mehr.

Der *Campground* (Tel. 800/322-3770, www.stateparks.utah.gov) auf dem Areal des Dead Horse Point State Park zählt zu den schönsten Campingplätzen in Utah.

Begleitet vom Colorado River und hohen Sandsteinfelsen, die den Südrand des Arches National Park markieren, führt die landschaftlich äußerst reizvolle SR 128 zu den **Fisher Towers**, einer Gruppe monumentaler, roter Sandsteintürme 40 km nordöstlich von Moab. Über eine kurze Schotterstraße gelangt man zu einem schönen *Aussichtspunkt* mit Blick auf die Felsriesen, von denen der 270 m hohe Titan der höchste ist. Ein 3,5 km langer Wanderweg führt an den Felsen vorbei.

i Praktische Hinweise

Information

Moab Information Center, Main St./Center St., Moab, Tel. 435/259-8825, Fax 435/259-1376, www.discovermoab.com

Touren

Adrift Adventures, 378 N. Main St., Moab, Tel. 800/824-0150, www.adrift.net. Familiengerechte Raftingtrips auf dem Colorado River ab den Fisher Towers.

Rim Cyclery, 94 W. 100 North St., Moab, Tel. 435/259-5333, www.rimcyclery.com. Verleih von guten Mountainbikes.

Tex's Riverways, 691 N. 500 W., Moab, Tel. 435/259-5101, Tel. 877/662-2839, www.texsriverways.com. Kanuverleih für Touren auf dem Colorado River mit Rücktransport per Jetboat.

Hotel

*****Aarchway Inn**, 1551 N. Hwy 191, Moab, Tel. 435/259-2599, 800/341-9359, Fax 435/259-2270, www.aarchwayinn.com. Komfortables Suitenhotel unweit des Arches National Park.

Restaurant

The Sunset Grill, 900 N. Main St., Moab, Tel. 435/259-7146, www.moab-utah.com. In der einstigen Villa des Uranmagnaten

Charlie Steen werden schmackhafte Grill- und Fischgerichte bei Kerzenlicht serviert. Von der Terrasse bietet sich ein prachtvoller Panoramablick über Moab (nur abends, So. geschl.).

6 Arches National Park

Die wundersame Welt der riesigen Steinbögen.

In dem wenige Kilometer nördlich von Moab gelegenen Arches National Park findet der Naturwunder-Reigen am Colorado River einen Höhepunkt. Mit über 2000 *Arches* besitzt er weltweit die größte Ansammlung erodierter Sandsteinbögen, deren Spannweiten von 90 cm (darunter gilt ein Bogen nicht als Arch) bis zu 93 m reichen.

Die beeindruckendsten Sehenswürdigkeiten des Nationalparks sind leicht über den **Scenic Drive** erreichbar. Vom Parkeingang führt die 28 km lange Panoramastraße nordwärts durch das trockenheiße Wunderland der Felsskulpturen, deren braun bis rostrot leuchtender *Entrada-Sandstein* und stellenweise blassgelber *Navajo-Sandstein* vor dem matten Grün knorriger Kiefern und Wacholderbüsche einen fotogenen Kontrast bilden. Von April bis Juli sprenkeln zudem Wildblumen und Kakteen mit Vehemenz bunte Farbtupfer in die Landschaft.

Spagat der Brücken – der Double Arch gehört zu den atemberaubenden Attraktionen des Arches National Park

Vorbei an den glatt gewaschenen, monumentalen Monolithen der **Courthouse Towers**, zu deren Füßen der 1,5 km lange Wanderweg *Park Avenue* verläuft, erreicht man etwa auf halber Strecke den 39 m hohen **Balanced Rock**. Ihren Namen verdankt diese verblüffende ›Skulptur‹ dem mehr als 3100 t schweren Felsbrocken, der auf einem schmalen Steinpfeiler thront und trotz seines Gewichts die Balance zu halten vermag.

Wenige Meter weiter zweigt rechts die Straße zur *Windows Section* ab. Dort gehört der mächtige **Double Arch** mit seinen beiden Zwillingsbögen zu den meistfotografierten Gesteinsformationen der USA. Am Parkplatz beginnt auch der ausgezeichnete 1,5 km lange Rundweg um die beiden Felsenfenster **North Window** und **South Window**. Ein Abstecher führt zum benachbarten **Turret Arch**, von dem sich ein großartiger Blick auf den brillenähnlichen Doppelbogen der Windows ergibt.

Zu den wenigen *Siedlungsspuren* im Park gehört die Ende des 19. Jh. erbaute **Wolfe Ranch**, zu der weiter nördlich eine Stichstraße vom Scenic Drive abzweigt. Sie ist Ausgangspunkt für die populäre 2,5 km lange Wanderung, den **Delicate Arch Trail**. Zunächst geht es einen breiten Hang bergauf, bis plötzlich hinter einem Felsenhalbrund der monumentale, frei stehende Steinbogen **Delicate Arch** an einem jähen Abgrund ins Blickfeld springt. Im Hintergrund vermitteln die bis in den Frühsommer verschneiten La Sal Mountains die passende Kulisse – ein grandioser Anblick besonders bei tief stehender Sonne. Während eine Seite des Tores kompakt und fest erscheint, nagt an der anderen, deutlich schmaleren der Zahn der Zeit. Einen schönen Blick aus der Ferne auf den bizarren Bogen gewährt der **Delicate Arch Viewpoint**, den man vom Ende der Stichstraße erreicht.

Nördlicher Endpunkt des Scenic Drive ist *Devils Garden*, wo ein fantastischer Wanderweg an einem Reigen sehenswerter Steinbögen vorbeiführt. Der zunächst gut ausgebaute Weg erreicht mit kurzen Abstechern zu **Pine Tree Arch**

Vielleicht hat ihn ja eine riesige Hand als Schlaufe aus Ton geformt und über dem Felsenkessel dekorativ an den Abgrund geklebt – der berühmte Delicate Arch im Arches National Park

Ein Naturwunder entsteht

Wo heute der Arches National Park mit seinen bizarren Steinbögen die Besucher fasziniert, erstreckte sich vor etwa 300 Mio. Jahren ein Binnenmeer. Im Laufe von Jahrmillionen verdunstete sein Wasser langsam, zurück blieb ein riesiges, mit **Salz** gefülltes Becken. Darauf wiederum lagerten sich bis zu 1,5 km dicke Gesteinsschichten ab. Doch für solche Massen bildete das mächtige Mineral- und Salzlager darunter nur eine sehr **instabile Basis**, die sich denn auch unter dem Druck von oben zu bewegen begann. Dadurch traten mit der Zeit festere Gesteinsschichten als aufrechte Rippen an die Oberfläche. Die unaufhörlichen **Erosionskräfte** von Wind, Wasser, Frost und Hitze legten die Felsen frei, fraßen Ritzen und Löcher hinein und schufen auf diese Weise die berühmten Fenster und Bögen, die heute von Reisenden als Naturwunder bestaunt werden.

und **Tunnel Arch** nach 1,5 km den **Landscape Arch**. Aus diesem mit 93 m breitesten und aufgrund seines Alters sehr dünnen Bogen – er misst an seiner schmalsten Stelle 3,50 m – brach 1991 ein Felsbrocken von 18 m Länge heraus, sodass ein Einsturz nur eine Frage der Zeit zu sein scheint. Etwas steiler bergauf steigt der Weg dann direkt am **Wall Arch** (2008 kollabiert) vorbei, passiert mit Seitenwegen **Partition Arch** und **Navajo Arch** und endet nach 3,5 km am **Double O Arch**. Für den Rückweg bietet sich die 5 km lange Route vorbei am **Private Arch** an, die auf schmalem Pfad durch ein überaus eindrucksvolles Canyongewirr führt.

i Praktische Hinweise

Information

Arches National Park, Tel. 435/719-22 99, Fax 435/719-23 05, www.nps.gov/arch

Camping

Devils Garden Campground, Ende des Scenic Drive. Prachtvolle Lage vor dem Skyline Arch. Von hier führt ein 3 km langer Rundweg um den Broken Arch.

Colorado Plateau in Utah – steinerne Bilderbuchlandschaft

Die Szenerien des grandiosen Colorado Plateau wechseln ohne Unterlass von ebenen Höhen zu zerklüfteten Canyons. Wie der Sommerhimmel sich vor einem Gewitter verdunkelt, so stellt diese Landschaft oft überraschend ein grob zerfurchtes Antlitz zur Schau. Am **Bryce Canyon** bricht das flache Plateau abrupt in eine bis 400 m tiefe, fantastische Kulisse roter Felstürmchen ab. Das Schauspiel wiederholt sich in kleinerem Maßstab im **Cedar Breaks National Monument**. Tiefe Täler zwischen steilen Klippen beeindrucken im **Zion National Park**. Von dem gewaltigen Gebirgszug der Waterpocket Fold wird der **Capitol Reef National Park** beherrscht. Wie Pilze schießen aus dem harten, trockenen Boden des **Goblin Valley** bizarre Gesteinsskulpturen empor, und auch die farbenprächtige Kulisse im **Kodachrome Basin** bietet faszinierende Ansichten.

7 Goblin Valley State Park

Fantasiegebilde der Natur bevölkern das ›Tal der Gnome‹.

Den abgelegenen Goblin Valley State Park (Tel. 435/564-3633) erreicht man ab Hanksville über die SR 24 in Richtung Green River. Nach 34 km biegt eine Landstraße nach Westen ab, nach weiteren 8 km führt eine 10 km lange Straße in den Park. Das sonnengebleichte Wüstenkleinod begeistert durch seine eigentümlich geformten Felstürmchen, die durch die Erosionskräfte von Wind und Wetter ausgewaschen wurden. Diese faszinierenden Gestalten, die an riesige erstarrte Kobolde erinnern, trugen dem Gebiet den Namen Goblin Valley, Tal der Gnome, ein. Ungewöhnlich ist auch die Färbung der **Steinskulpturen**: Mit Gipsäderchen durchsetzte schokoladenbraune Schichten bilden gerundete, dicke Kappen über grüngrauen und rötlichen Sockeln. *Arthur Chaffin*, der in den 1920er-Jahren auf der Suche nach einer Route zwischen Green River und Caineville erstmals hierher kam, bezeichnete das Gebiet daher als ›Tal der Pilze‹. Mehrere gute **Wanderwege** führen auf steilen Graten oder über breite Kuppen zu Aussichtspunkten mit scheinbar grenzenlosem Panoramablick über die baumlosen Ebene und ihre bizarren Sandsteinwesen.

Goblin Valley ist bevölkert von allerlei urigen Fabelwesen. Menschen, die auf ihnen herumklettern, geben sich diese versteinerten Kobolde normalerweise aber nicht zu erkennen

i Praktische Hinweise

Camping

Goblin Valley State Park Campground, Tel. 800/322-3770, www.stateparks.utah.gov. Wildromantisch am Fuß der Klippen gelegener Campingplatz mit Duschen.

8 Capitol Reef National Park

Eine gigantische Felsbarriere mit faszinierenden Steinskulpturen.

Die lang gestreckte, riesige Auffaltung des **Waterpocket Fold** bildet das Rückgrat im zentralen Süden Utahs und den Kern des Capitol Reef National Park. Ob man sich aus Osten oder Westen nähert, stets sieht man den 160 km langen Gebirgszug, der im Süden unweit des Colorado River in die Glen Canyon National

Recreation Area vorstößt, beinahe übergangslos aus der Plateaulandschaft aufsteigen. Der Nationalpark präsentiert eine kontrastreiche Landschaft erodierter rostroter Klippen und glatt geschliffener weißer Kuppeln, massiver Monolithen und fragiler Steinbögen, ein geheimnisvolles Land mit Felsmalereien der Fremont-Indianer, die hier 700–1300 lebten.

Den Begriff *Reef* verwendeten erste Siedler, die den schwer überwindbaren Felskamm mit einem gewaltigen **Riff** im Meer verglichen. Die markanten weißen Erhebungen aus Navajo-Sandstein im sehenswertesten Teil des Felsmassivs am Fremont River erinnerten wohl an das **Capitol** in Washington D C. Der Gebirgszug selbst ist nach den *Waterpockets* benannt, den natürlichen Felsbecken, die sich periodisch mit Regenwasser füllen und wichtige Reservoirs für Tiere und Pflanzen darstellen.

Ein Stück Besiedlungsgeschichte präsentiert der an der SR 24 gelegene **Fruita Historic District** mit seinen Blockhütten und alten Obstgärten. 1880 ließ sich der erste Siedler im Tal des *Fremont River* nieder, und schon um 1900 befand sich hier eine winzige Ortschaft namens Fruita. Von dieser Zeit erzählt das *Fruita School House*, eine Blockhütte, die 1896–1941 als Schule und Versammlungsort diente. In den *Obstgärten* der frühen Siedler darf man im Sommer nach Lust und Laune Obst pflücken und essen, man zahlt nur das, was man auch mitnimmt. Im Fruita Historic District erhebt sich **The Castle**, die burgähnliche, aus rostroten, graubraunen und gelblichen Gesteinsschichten bestehende Felsformaton.

TOP TIPP Am gegenüberliegenden *Visitor Center* zweigt der **Scenic Drive** von der SR 24 nach Süden ab. Die Panoramastrecke windet sich längs der

Wo rohe Kräfte wundervoll walten

Im Einzugsbereich des Colorado River bildet das semiaride **Colorado Plateau** ein rund 340 000 km² großes, 1500–3300 m hohes **Tafelland**. Es reicht im Westen bis in den Zion National Park und Grand Canyon National Park am Rande des abflusslosen Great Basin, im Süden bis zur Mogollon Rim südlich des Petrified Forest National Park, im Osten und im Norden bis an die Rocky Mountains.

Das Colorado Plateau entstand als sich die pazifische Kontinentalplatte unter die nordamerikanische Kontinentalplatte schob und diese anhob. **Flüsse** begannen seinerzeit, sich tief in die Gesteinsschichten hineinzufräsen und spektakuläre Canyons wie den Grand Canyon sowie steil abbrechende Wände auszuwaschen.

Acht **Nationalparks** liegen in dieser Wunderwelt aus rostrotem bis gelblich-orangefarbenem Sandstein, in dem die Erosionskräfte wie sonst nirgendwo in den USA bizarre Gesteinsformationen gestaltet haben. Dazu gehören *Arches*, die durch Wind und Regen, Hitze und Kälte erodierten Felsbögen, und *Bridges*, die durch Fließwasser von Bächen und Strömen entstandenen, monumentalen Felsbrücken.

Das Felsenland wird durch stark **Klimakontraste** geprägt. Im Sommer herrschen warme Tage und angenehm kühle Nächte vor. Gewitter bringen dann urplötzlich kräftige **Flash Floods**. Die Wassermassen können nicht in den Boden eindringen und schießen daher mit geballter Kraft meterhoch durch die Canyons.

Auf den Plateaus fallen vergleichsweise deutlich mehr **Niederschläge** als in den regengeschützten Canyons, wo wegen der starken Hitze das Wasser oftmals vor Erreichen des Bodens in der Luft verdunstet. Entsprechend wachsen auf den Plateauhöhen **Wälder**, während in den tiefen Tälern eine karge Kakteen- und Strauchvegetation vorherrscht. Die kalten Winter bringen je nach Lage und Höhe beträchtlichen Schneefall mit sich.

Das wilde Colorado Plateau mit den unüberwindbaren Canyons übte auf die ersten weißen **Siedler** wenig Anziehungskraft aus. Sie wandten sich anderen, fruchtbareren Landstrichen zu, und die **Indianer** durften selbst nach den Niederlagen gegen die US-Armee oftmals weiterhin in der Nähe ihrer Heimat wohnen bleiben. Heute weist die Region eine beträchtliche Anzahl an **Reservaten** auf, allen voran die Navajo Indian Reservation im Norden von Arizona und New Mexico. Sie ist die Heimat des mit 230 000 Indianern inzwischen zweitgrößten Stammes der USA.

Ein Wahrzeichen des Capitol Reef National Park ist die gleich einer mächtigen Festung auf einem Bergrücken thronende Formation The Castle

Westseite der Waterpocket Fold 16 km tief in den Park hinein. Bald zweigt links die Grand Wash Road ab. Von ihr führt ein 3 km langer, prachtvoller Wanderweg über glatte Felsen hinauf zum **Cassidy Arch**, einem natürlichen Sandsteinbogen. Weiter geht es über den Scenic Drive zum **Egyptian Temple**, einer monumentalen Felsenformation, die mit etwas Fantasie an die Fassade eines ägyptischen Tempels erinnert.

Die letzten 3 km sind Sandpiste, die Straße endet dann an der **Capitol Gorge**, einem Pass über die Waterpocket Fold. Er war bis 1962 insgesamt 80 Jahre lang Teil der wichtigsten Ost-West-Verbindung im Süden Utahs. Heute kann man dem sandigen Schluchtboden des *Wash* zu Fuß durch die von steilen Felsen gerahmte Capitol Gorge folgen. Alternativ bietet sich von hier die 3 km lange Wanderung auf Klippen unterhalb des **Golden Throne** an, auf der ein Aussichtspunkt mit dem Panorama der Waterpocket Fold zur Rast einlädt.

Auch an der nach Osten führenden SR 24 im Fruita Historic District beginnen lohnende *Wanderungen*. Die schönste führt über 1,5 km Strecke durch eine pittoreske Kulisse mit Sandsteinfelsen zur 41 m breiten und 38 m hohen **Hickman Bridge**. Der Pfad unterquert zum Schluss diese von einem Bach ausgehöhlte, natürliche Steinbrücke. Auf der gegenüberliegenden Straßenseite beginnt ein 3 km langer Wanderweg durch eine fantastische Felsszenerie. Der **Cohab Canyon Trail** steigt zunächst stark an, verläuft dann recht eben – es bietet sich hier eine gute Fernsicht – und führt schließlich zu einem Campingplatz hinab.

Eine landschaftlich interessante Rundfahrt zweigt in Boulder von der SR 12 ab. Ab dort führt die asphaltierte **Burr Trail Road** von Südwesten in den Capitol Reef National Park. Entlang der Strecke ergeben sich atemberaubende Ausblicke auf die spektakuläre Felskulisse. In engen Serpentinen führt die Straße dann als 8 km lange Schotterpiste auf das Dach der Waterpocket Fold. Sie stößt dort auf die nordwärts führende **Notom-Bullfrog Road**, eine holprige, aber bei Trockenheit ebenfalls für Autos relativ gut befahrbare Staubstraße längs der Ostflanke der Waterpocket Fold. Diese Piste trifft nach 47 km am Ostrand des Nationalparks auf die SR 24.

Ein reizvoller Abstecher führt zu den spektakulären Sandsteinformationen des **Cathedral Valley** am abgelegenen Nordende des Waterpocket Fold. Aufgrund der rauen Zufahrt benötigt man für eine Tour dorthin allerdings einen Wagen mit ausreichend Bodenfreiheit.

i Praktische Hinweise

Information

Capitol Reef National Park,
Tel. 435/425-37 91, Fax 435/425-30 26,
www.nps.gov/care

Camping

Fruita Campground, südlich des Visitor Center. Der Platz liegt idyllisch in den Obstplantagen nahe Scenic Drive.

Charakteristisch für das von Farbkontrasten gezeichnete Kodachrome Basin sind die schlanken Schornsteinfelsen

9 Kodachrome Basin State Park

Fotogene Felskompositionen.

Farbenfroh präsentiert sich das im Park-Vergleich winzige Landschaftsjuwel des Kodachrome Basin (Tel. 435/679-85 62, www.stateparks.utah.gov) östlich des Bryce Canyon. Die mineralbunten Felsen unter azurblauem Himmel veranlassten Mitte des 20. Jh. Fotografen des ›National Geographic‹, dem Park einen neuen, farbfilmgerechten Namen zu geben.

Auf dem flachen Boden des von roten, gelben und weißen Klippen gerahmten Tals setzen schornsteinähnliche **Chimneys**, frei stehende Felstürme, Akzente. Sie entstanden im Laufe der Jahrtausende aus Quellen und Geysiren, die von sich verfestigenden Sedimenten verstopft wurden und später durch die Erosion des umgebenden weicheren Entrada-Sandsteins wieder freigelegt wurden.

5 km lang windet sich der **Panorama Trail** als Rundweg zwischen den mächtigen Felstürmen hindurch. Ebenfalls mit guter Sicht auf die Formationen wandert man auf den Rundwegen **Angels Palace Trail** (1 km) und **Grand Parade Trail** (1,5 km). Vom am Talende in wunderbarer Lage platzierten *Campground* (Tel. 800/322-3770) strebt der **Eagles View Trail** 1 km steil empor, mit knapp 300 m Anstieg bis zur Passhöhe. Der einstige Viehtriebweg liefert ein prachtvolles Panorama des Kodachrome Basin aus der Vogelperspektive. Außerhalb des Haupttals gelangt man auf einem kurzen Pfad zum **Shakespeare Arch**, einem fotogenen Sandsteinbogen.

Ausflüge

Das knapp 7700 km² große, bis auf wenige Staubstraßen völlig unerschlossene **Grand Staircase-Escalante National Monument** im Süden Utahs präsentiert sich als endlos erscheinende Wildnis. Die beiden asphaltierten Straßen US Hwy 89 und SR 12 tangieren die Peripherie des Parks. Insbesondere die **SR 12** beeindruckt durch ihre großartige Streckenführung. Sie verläuft von Escalante nach Boulder durch den wilden **Escalante Canyon** im Ostteil eines der jüngsten Naturschutzgebiete der USA.

TOP TIPP

Den Westen des Parks nimmt die **Grand Staircase** ein. Die Hunderte von Kilometern lange ›große Treppe‹ des Colorado Plateau umfasst eine Abfolge

Blick über den Lauf einer gigantischen Freitreppe – im Süden Utahs beherrscht die Grand Staircase, eine Folge riesiger Geländestufen, das Colorado Plateau

natürlicher Steilabbrüche. Die riesigen Geländestufen fallen vom Norden über *Pink Cliffs*, *Gray Cliffs*, *White Cliffs*, *Vermilion Cliffs* und *Chocolate Cliffs* zum Colorado River im Süden ab.

Eine schöne Tour mitten durch das National Monument verläuft vom Kodachrome Basin State Park über die 74 km lange, nicht asphaltierte **Cottonwood Canyon Road**. Man fährt zwischen der Grand Staircase und dem benachbarten hohen **Kaiparowits Plateau** südwärts zum US Hwy 89. Das 17 km lange Teilstück vom State Park bis zum Grosvenor Arch besitzt bei Trockenheit akzeptable Qualität, doch die weitere Strecke durch den Cottonwood Canyon ist bei Nässe kaum befahrbar. Der **Grosvenor Arch** erweist sich als ein attraktiver Doppelsandsteinbogen, die größere der beiden Öffnungen misst 18 m im Durchmesser, der kleinere Bogen sitzt oben auf.

10 Bryce Canyon National Park

Fulminantes Feuerwerk der Felstürmchen.

Tausende von lachsrosa und rostroten kopflastigen Türmchen, **Hoodoos** genannt, spitzen aus den halbrunden Felsbuchten des Bryce Canyon im südwestlichen Utah, den man auf der SR 12 erreicht.

Nirgendwo sonst in den USA bietet sich ein vergleichbares Naturschauspiel. An den **Pink Cliffs** am östlichen Rand des Paunsaugunt Plateau bricht das bewaldete Hochland schlagartig in eine Serie riesiger *Amphitheater* ab. Das schönste unter ihnen ist der Bryce Canyon, ein herrliches Wandergebiet. Namensgeber war der Siedler *Ebenezer Bryce*, der um 1875 ›an diesem höllischen Ort‹ seinen davongelaufenen Kühen nachstöberte. Indianer nannten die fantastische Szenerie treffend ›rote Felsen, die wie Männer in einem schüsselförmigen Tal stehen‹.

Die roten Felsen gehören zur Claron-Formation, die sich vor 63–40 Mio. Jahren an der Abbruchkante des Paunsaugunt Plateau aus eisen- und kalkhaltigen Sedimenten gebildet hat. Durch Erosion wurden die markanten Steintürmchen herausgewaschen.

Schöne Aussichtspunkte reihen sich an der Ostseite der 29 km langen Straße aneinander, die das gesamte landschaftliche Spektrum des Parks mit seinen klippenbesetzten Canyons, einer natürlichen Steinbrücke, fernen Bergen und Tälern berührt. Gleich hinter dem *Visitor Center* liegen die meistbesuchten Panoramaplätze **Sunrise Point** und **Sunset Point**. Die schönste Sicht auf das 400 m tiefe Amphitheater eröffnet sich jedoch vom südöstlich gelegenen **Bryce Point**. Zu Füßen des Betrachters breitet sich das Wunderland aus Stein in einer überwältigenden Fülle aus. In den Hoodoos und anderen Felsskulpturen glaubt der Betrachter, Tier- und Menschen-, Monster- und Märchenfiguren wiederzuerkennnen.

TOP TIPP

Das Naturwunder Bryce Canyon offenbart auch der Wanderweg **Rim Trail**, der an der 9 km langen Abbruchkante des Bryce Canyon entlangführt – stets mit Blick auf das prachtvolle Felsengewirr. Das attraktivste Teilstück verläuft in nord-südlicher Richtung vom Sunrise und Sunset Point zum 4,5 km entfernten Bryce Point. Je nach Licht und Tageszeit leuchten die Steinskulpturen in immer neuen Rot- und Orangeschattierungen.

Hautnah lernt man die Landschaft auf den staubigen Pfaden kennen, die ins **Tal** führen. Bei der Wanderung durch das atemberaubende Durcheinander der Türme erlebt man die reale Größe der Hoodoos besonders eindrucksvoll.

Am Sunset Point beginnt der rund 2 km lange **Navajo Loop Trail**. Als wohl populärster *Rundwanderweg* des Parks führt er an vielen spektakulären Gesteinsformationen vorbei. Ein schöner, wenig steiler Weg durch die Felsen ist der am Sunrise Point beginnende **Queen's Garden Trail** (1,5 km). Er vermittelt einen sehr guten Eindruck von der Anordnung und Beschaffenheit der Felstürme. Ebenfalls empfehlenswert ist der vom Bryce Point zugängliche Rundweg **Peekaboo Loop Trail** (8,5 km).

Diese drei Wanderpfade in den Canyon sind im Talgrund miteinander verbunden, sodass man jeweils einen anderen Rückweg wählen kann. Der mit 7,5 km längste und aufgrund der vielfältigen Landschaftseindrücke interessanteste Weg vom Sunrise Point zum Bryce Point ist die **Kombination** aus Queen's Garden Trail und Peekaboo Trail. Für den Rückweg bieten sich neben dem Rim Trail die kostenlosen Shuttlebusse an, die alle Sehenswürdigkeiten des Parks abfahren.

Vom 2800 m hohen **Rainbow Point**, dem südlichen Endpunkt der Parkstraße, empfiehlt sich die Rundwanderung auf dem 1,5 km langen **Bristlecone Loop Trail**, der zu fantastischen Aussichtspunkten mit Blick auf das Canyonland geleitet.

Das **Wetter** am Bryce Canyon ist im Sommer tagsüber angenehm warm, meist sonnig, nachmittags treten gele-

Oben: *Die Felsen des Bryce Canyon wirken wie verwunschene Urwesen*
Links: *Die Souvenir Shops vom Ruby's Inn am Eingang zum National Park bieten Erholung von solch überwältigenden Eindrücken*

gentlich Gewitter auf. Auf dem 2400 m hoch gelegenen Canyonrand – hier befinden sich zwei Campingplätze und ein Hotel – wird es nachts allerdings empfindlich kühl, Nachtfrost herrscht meist von Mitte September bis Mai.

Nordwestlich des Bryce Canyon windet sich die SR 12 durch den **Red Canyon**, ein leuchtend rotes Wunderland mit Felssäulen, Felsskulpturen und Felstoren. Vom Red Canyon Visitor Center aus führt der 1 km lange *Pink Ledges Trail* zu den eindrucksvollen Steingestalten.

Praktische Hinweise

Information

Bryce Canyon National Park, Tel. 435/834-53 22, Fax 435/834-41 02, www.nps.gov/brca

Hotels

*****Best Western Ruby's Inn**, 1,5 km nördlich des Parks, Tel. 435/834-53 41, Tel. 866/866-66 16, Fax 435/834-52 65, www.rubysinn.com. Hotelkomplex mit Restaurants. In der benachbarten Arena finden im Sommer Rodeos statt (Mi–Sa 19 Uhr).

*****Bryce Canyon Lodge**, Tel. 435/834-87 00, Fax 435/834-87 90, www.brycecanyonlodge.com. Die 1925 erbaute attraktive Lodge ist das einzige Hotel im Nationalpark und bietet auch Blockhütten, Restaurant und Reitstall in schöner Lage am Bryce-Amphitheater

(geöffnet April–Okt.). Frühzeitige Reservierung empfohlen bei: **Xanterra**, Tel. 303/297-2757, Tel. 888/297-2757, Fax 303/297-3175, www.xanterra.com.

Camping

North Campground, Visitor Center, **Sunset Campground**, westlich des Sunset Point, Tel. 877/444-6777. Die schönen Plätze sind im Sommer schnell belegt.

11 Cedar Breaks National Monument

Ausflug zum ›Kreis der bunten Klippen‹.

Erosion und Gesteinsanhebungen haben in dem westlichen Abbruch des *Markagunt Plateau* ein 5 km breites natürliches **Amphitheater** hinterlassen, das die Indianer ›Kreis der bunten Klippen‹ nannten. Unzählige rostrote und weiße Kalksteinskulpturen hocken gleich Zuschauern auf den Rängen, zerbrechlich wirkende Zinnen und bucklige Türme wachen über dem 600 m tiefen Canyon und auf dem Plateau am Rande erstreckt sich ein grüner Teppich aus knorrigen **Fichtenwäldern** und subalpinen Wildblumenwiesen, die von Ende Juni bis Mitte August in voller Blüte stehen.

Der kleine Park 30 km östlich von Cedar City lässt die enge Verwandtschaft mit seinem großen Bruder Bryce Canyon erkennen, liegt aber 700 m höher als dieser. Entsprechend bleibt die am Rand des Amphitheaters verlaufende 8 km lange **Panoramastraße**, die mehrere Aussichtspunkte aufweist, im schneereichen Winter (Mitte Okt.–Ende Mai) geschlossen. Auf dem in 3100 m Höhe gelegenen *Point Supreme Campground* ist selbst im Sommer häufiger mit kühlen, fast frostigen Nächten zu rechnen.

Der **Point Supreme** bietet einen schönen Überblick über den spektakulärsten Teil des Parks. Hier nimmt neben dem *Visitor Center* (Tel. 435/586-9451, www.nps.gov/cebr) der 3 km lange **Wasatch Rampart Trail** seinen Anfang. Er folgt dem Klippenrand und passiert unterwegs einen Bestand uralter, wind- und wettergegerbter Bristlecone-Kiefern, bevor er am Aussichtspunkt **Spectra Point** endet. Leider ist der Canyon selbst nicht durch Wanderwege erschlossen.

fen nur noch die Gäste der Zion Lodge zu ihrem Hotel anreisen.

Eines der beliebtesten Ziele im Zion Canyon sind die **Emerald Pools**, zwei quellengespeiste smaragdgrüne Teiche, in denen sich die umgebenden Felsformationen spiegeln. Sie liegen unweit der Zion Lodge und sind vom Scenic Drive über einen Wanderweg (2 km) zu erreichen. Dieser lässt sich über **The Grotto** (Wanderparkplatz und Fußgängerbrücke über den Fluss) zu einer schönen 5 km langen Rundtour ausdehnen. Bei The Grotto führt gen Norden ein serpentinereicher und gegen Ende teils mit Ketten gesicherter Weg (4,5 km), der **Angels Landing Trail**, zum gleichnamigen ›Landeplatz der Engel‹. Er erhebt sich 450 m hoch über dem Tal des Virgin River. Für die Mühen des Aufstiegs werden Wanderer mit dem schönsten Rundumpanorama des Nationalparks belohnt. Gegenüber ragt der hellgraue, kantige Monolith **The Great White Thro-**

TOP TIPP

Links: *Reitausflug ins Märchenland – der Bryce Canyon und die Magie der Felsen*
Unten: *Im Zion National Park erkunden Wanderer das Bett des Virgin River*

12 Zion National Park

Faszinierendes Schauspiel enger Schluchten und steiler Klippen.

Im südwestlichen Utah nahe der Grenze zu Arizona erheben sich rostrote bis bräunlich-gelbe Sandsteinwände wie Wolkenkratzer. Dazwischen liegen enge Täler und weite Plateaus, die durch ein exzellentes Wanderwegenetz erschlossen sind. Im Nordwesten des Zion National Park breiten sich die parallel verlaufenden *Kolob Canyons* aus. Den Südosten nehmen der vom Virgin River tief eingeschnitte Zion Canyon und der Korridor des *Zion-Mount Carmel Highway* ein, der die Verbindung zu den trockenen Hochplateaus im Osten herstellt.

Der enge **Zion Canyon** ist das meistbesuchte Areal des Parks. Seine knapp 900 m hohen Steilhänge umrahmen den Virgin River und den 10 km langen **Zion Canyon Scenic Drive**, der dem grünen Flussufer folgt, jedoch für den Individualverkehr gesperrt ist. Vom *Visitor Center* am südlichen Parkeingang (SR 9) fahren Shuttlebusse (tgl. 5.45–23.15 Uhr) alle Punkte im Zion Canyon an. Per Auto dür-

ne (2056 m) auf, einer der markantesten Berge der Region. Der Blick schweift über das bewaldete, sich stetig verengende Tal des Virgin River.

Gegenüber von Angels Landing beginnt am Virgin River der kurze Weg zu den **Hanging Gardens**, den ›hängenden Gärten‹, die im Schutz der schattigen, feuchten Felswand am **Weeping Rock**, dem ›weinenden Felsen‹, gedeihen. Zarte Farne und anmutige Blütenpflanzen bilden hier ein kleines botanisches Paradies. Der Wanderpfad setzt sich serpentinenreich fort bis zum 1,5 km entfernten **Hidden Canyon**, der ›versteckten Schlucht‹. Auch von hier präsentiert sich das prächtige Panorama des Zion Canyon. Eine Abzweigung führt zum 6 km entfernten **Observation Point**, einem weiteren fabelhaften Canyon-Aussichtspunkt gegenüber von Angels Landing.

Am Nordende des Scenic Drive markiert der **Temple of Sinawava** (1347 m), einem Amphitheater gleich, den Ausgangspunkt des populären *Riverside Walk* (1,5 km), der durch den von steilen Felsen gerahmten Canyon des Virgin River führt. An seinem Ende liegen **The Narrows**, die engste Stelle des Tals. Ab dort kann man – nur bei niedrigem Wasserstand und knietief im **Virgin River** watend – die grandiose Wanderung flussaufwärts bis zum 3 km entfernten **Orderville Canyon** fortsetzen.

Eine 25 km lange Tagestour, die auf 60 % der Strecke ebenfalls das Waten im Virgin River erfordert, ist die anstrengende Route von **Chamberlain's Ranch** (Zufahrt per Shuttlebus, Zion Adventure Company, Tel. 435/772-09 90, www.zionadventures.com) durch die Narrows. Man durchquert auf dieser attraktiven Strecke flussabwärts die oft nur 6–10 m breite Schlucht. Das Schlussstück ist identisch mit dem oben erwähnten Weg zum Orderville Canyon.

Bereits in den 1920er-Jahren wurde der **Zion-Mount Carmel Highway** (SR 9) im Südosten des Parks fertig gestellt. Er führt zunächst serpentinenreich aus dem Canyon hinaus und dann durch einen 2 km langen Tunnel. Größere Wohnmobile können ihn nur in der Mitte befahren, sodass die Fahrzeuge die Strecke hier

Bergformation als Fantasiekulisse – die weiße, schachbrettartig strukturierte Checkerboard Mesa im Osten des Zion National Park sieht aus wie ein überdimensionales Bügeleisen

wechselweise von jeder Seite her als Einbahnstraße benutzen. Schöne Ausblicke zurück auf den Zion Canyon eröffnen sich entlang des knapp 1 km langen **Canyon Overlook Trail**, der vom östlichen Tunnelende aus zu einem Panoramapunkt aufsteigt.

Jenseits des Tunnels folgt ein Slickrock-Gebiet mit weißen, gelblichen bis leicht rötlichen Sandsteinfelsen, denen die Erosion oft fantastisch-groteske Formen und Muster mit unregelmäßigen Rillen und Rissen gegeben hat. Manche gleichen überdimensionalen Pilzen mit großen Kappen.

Eines der ungewöhnlichsten natürlichen Felsmonumente ist die **Checkerboard Mesa** unweit des östlichen Parkeingangs. Ein feines Netz von Quer- und Längsrissen formt auf der Haut der versteinerten Sanddüne ein geometrisches, schachbrettartiges Muster.

Die ebenfalls zum Nationalpark gehörenden **Kolob Canyons** sind über eine eigene Autobahnausfahrt (Nr. 40 der I-15) zu erreichen. Die 9 km lange Fahrt auf der Kolob Canyons Road führt durch tiefe, glattwandige Schluchten und entlang bewaldeter Hochplateaus. Ein großartiges Panorama eröffnet sich vom **Kolob Canyons Viewpoint** am Ende der Straße. Wie die ausgestreckten Finger einer Hand präsentieren sich die tiefen Canyons aus rotem Sandstein. Zum **Kolob Arch** – er ist mit 95 m einer der breitesten frei stehenden Steinbögen der Welt – gelangt man über den 11 km langen Wanderweg *La Verkin Creek Trail*.

Ausflug

Korallenrot schimmernde Sanddünen sind das Herzstück des **Coral Pink Sand Dunes State Park** (35 km westlich von Kanab, Abzweigung vom US Hwy 89). Es ist das einzige größere Dünengebiet auf dem Colorado Plateau. Im Halbrund der *Vermilion Cliffs* fangen sich die Winde und lagern die mitgeführten erodierten Körnchen des Navajo-Sandstein ab. Die parallel verlaufenden, sich ständig verändernden Dünen strahlen vor allem bei Sonnenuntergang ihren Zauber aus. Man kann auf den Dünenkämmen entlangspazieren und die Hänge als *Sandsurfer* hinunterrutschen. Das Naturwunder haben sich auch die Fans der diversen **Allradfahrzeuge** (ATVs), darunter Dünenbuggies, Jeeps und ›aufgemotzte‹ Pickup Trucks, als Tummelplatz auserkoren.

Dünen-Boogie-Woogie – im Coral Pink Sand Dunes State Park vergnügen sich ausgelassene Buggy-Piloten als Sandhüpfer

Praktische Hinweise

Information

Zion National Park, Tel. 435/772-32 56, Fax 435/772-34 26, www.nps.gov/zion, Tel. 435/648-28 00, www.stateparks.utah.gov

Kino

Zion Canyon Giant Screen Theatre, Springdale, am Südeingang des Zion National Park, Tel. 435/772-24 00, www.zioncanyontheatre.com. Zu sehen ist u. a. der Riesenleinwandfilm ›Zion Canyon Treasure of the Gods‹.

Hotel

*****Zion Lodge**, Zion Canyon, Tel. 435/772-77 00, Fax 435/772-77 92, www.zionlodge.com. Die einzige Lodge im Nationalpark bietet Zimmer, Blockhütten, Restaurants und Reitstall. Reservierung erforderlich, bei: **Xanterra**, Tel. 303/297-27 57, 888/297-27 57, Fax 303/297-31 75, www.xanterra.com.

Camping

Watchman Campground, Reservierung unter Tel. 877/444-67 77, www.nps.gov/zion. Der schöne bewaldete Campingplatz befindet sich am Südeingang des Parks.

Coral Pink Sand Dunes State Park Campground, Tel. 800/322-37 70, http://stateparks.utah.gov. Im Sommer beliebter, grüner Platz unweit der Dünen.

Colorado Plateau zwischen Colorado River und Rocky Mountains – weites Indianerland unter monumentalen Felsen

Das Hochplateau, auf dem die Bundesstaaten Arizona, Colorado, New Mexico und Utah zusammentreffen, ist reich an Zeugnissen der indianischen Kulturen. Die Anasazi hinterließen im ausgehenden 13. Jh. eindrucksvolle Klippenwohnungen, die heute in **Mesa Verde National Park** und **Navajo National Monument** zu bewundern sind, sowie die riesigen Puebloruinen im **Chaco Culture National Historical Park**. Monumentale Sandsteinfelsen beeindrucken im **Monument Valley**, tiefe Schluchten im **Canyon de Chelly** und steinerne Brücken im **Natural Bridges National Monument**. Weiter südlich passiert ein Streckenabschnitt der berühmten Route 66 die versteinerten Baumstämme im **Petrified Forest National Park** und die Stadt **Flagstaff**, das Zentrum des nördlichen Arizona. Hier beginnen auch die kieferbedeckten Berge mit den Orten **Jerome**, **Prescott** und **Sedona**.

13 Navajo National Monument

Die bedeutendsten indianischen Klippenwohnungen von Arizona.

In der Navajo Indian Reservation im Nordosten Arizonas ruhen im Schutze riesiger Höhlenrundungen die großen, mehrstöckigen *Cliff Dwellings*, die Klippenwohnungen von Keet Seel und Betatakin. Die sehr gut erhaltenen Behausungen der **Kayenta-Anasazi** bestehen aus mehrstöckig verschachtelten kubischen Räumen, deren Wände aus grob behauenen Steinen errichtet und mit Schlamm verputzt wurden. Seit Beginn des 14. Jh. sind die Cliff Dwellings verlassen.

Zum Aussichtspunkt auf **Betatakin** gelangt man nur im Rahmen einer fünfstündigen *Wanderung* unter Leitung eines Park Rangers (Ende Mai–Mitte Sept., tgl. 8 und 11 Uhr, Anmeldung im Visitor Center). Die stattliche Klippenanlage mit 135 Räumen und einer *Kiva*, einem kreisrunden unterirdischen Zeremonial- und Versammlungsraum, erreicht man auf dem 4 km langen Weg durch den eindrucksvollen **Tsegi Canyon**. Alternativ bietet sich vom *Visitor Center* aus der 1 km lange **Sandal Trail** an, an dessen Ende sich ein malerischer Ausblick auf die in der Ferne unter roten Canyonwänden liegende Wohnsiedlung Betatakin öffnet.

Auch für den 14 km langen Wanderweg nach **Keet Seel** (Ende Mai–Mitte Sept.) muss man sich vorab im Visitor Center anmelden. Diese Klippenresidenz ist größer und besser erhalten als die vorgenannte. Bereits um das Jahr 950 lebten hier Anasazi. Um 1250 entstand dann unter Verwendung von Steinen des Vorgängerbaus das neue **Pueblo** – die Spanier nannten die stufenförmigen Gemeinschaftsbauten ›Dorf‹. Die Anlage umfasste 160 Räume und sechs Kivas.

◁ *Hochhaus mal ganz anders – im 11. Jh. errichteten Anasazi-Indianer diesen spektakulären Wohnsitz in einer Felswand des Canyon de Chelly. Heute trägt die Anlage den Namen White House Ruin*

Praktische Hinweise

Information

Navajo National Monument, Tel. 928/672-27 00, Fax 928/672-27 03, www.nps.gov/nava

14 Monument Valley Navajo Tribal Park

Weltberühmte Starkulisse und traumhafte Westernlandschaft.

In der Navajo Indian Reservation erstreckt sich beiderseits der Staatengrenze zwischen Utah und Arizona ein Landstrich von grandioser Einzigartigkeit: Das Monument Valley ist allerdings kein Tal, sondern ein weites, offenes Plateau mit bis zu 300 m hohen frei stehenden **Sandsteinmonolithen**. In den staubigen Canyons und rötlichen Sanddünen malt seit Ewigkeiten der Wind seine Spuren.

Vor der imposanten Kulisse des Monument Valley wurden zahllose Filme und Werbespots gedreht, darunter Szenen aus dem Film **›Easy Rider‹** (1969), in dem Peter Fonda effektvoll auf seiner Harley Davidson vorbeirauscht.

Einst erstreckte sich hier eine flusslose **Hochebene**, die etwa auf Höhe der heutigen Felsgipfel lag. Die isolierten, rostroten Monumente entstanden durch jahrtausendelange Erosion, durch Wind und Wetter. Bis heute trotzen die Monolithen den Naturkräften. Eine härtere Gesteinskappe liegt schützend über weicherem Sandstein, aus dem die Hauptmasse der Felsenskulpturen besteht. Weicher Schiefer, terrassenförmig erodiert, bildet die Fundamente.

Die Tour durch das Monument Valley (Mai–Sept. tgl. 6–20.30, sonst 8–16.30 Uhr) umfasst eine Rundfahrt auf dem TOP TIPP **Scenic Drive** und mehrere Abstecher (insgesamt 27 km). Eine steile Sandpiste führt vom *Visitor Center* hinab in das Tal zwischen **Sentinel Mesa** und **Mitchell Mesa**. Sie ist bei Trockenheit auch für Wohnmobile passierbar. Wanderwege gibt es keine.

Fotogen präsentiert sich das staubige Land, bei Wind wird es von einer rotbraunen Sandwolke eingehüllt. Von der Aussichtsplattform hinter dem Besucherzentrum blickt man auf die beiden imposanten ›Fausthandschuhfelsen‹ **The Mittens**. Auch andere markante Felsen wie **Camel Butte**, **Totem Pole** und **Elephant Butte** machen ihren Namen alle Ehre. **Raingod Mesa** und **Thunderbird Mesa** assoziiert man mit Gottheiten der Navajo, Monumente wie **John Ford's Point** oder **Artist's Point** erinnern an bekannte Westernfilme. Häufig trifft man Navajo, die

John Ford drehte 1956 den Film ›The Searchers‹ (›Der schwarze Falke‹) mit John Wayne vor der Kulisse des Monument Valley

Legendäre Filmkulisse für Westernhelden

Das Monument Valley diente als Kulisse zahlloser Westernfilme. Vor allem zwei Männer hatten großen Anteil an dem durch diese Bilder wieder auflebenden Mythos des Wilden Westens. Regisseur **John Ford** (1895–1973) schuf die ersten Streifen dieser Art mit künstlerischem Niveau. Unter seiner Regie gelang dem Schauspieler **John Wayne** (1907–1979) in **›Stagecoach‹** (1938, dt. ›Ringo‹ oder ›Höllenfahrt nach Santa Fe‹) der große Durchbruch, und gemeinsam verdienten sie sich in ihren von Oscars gekrönten Karrieren viele Lorbeeren.

Dank des Erfolgsgespanns Ford–Wayne gewann der Western, der sich bis in die 1940er-Jahre hinein weitgehend in den genretypischen Szenen von Verfolgung und Duell erschöpft hatte, neue, **zeitkritische Stilelemente** und kontrastierende Handlungsrahmen. Beispielsweise gingen die drei aufeinander folgenden Filme **›Fort Apache‹** (1948, dt. ›Bis zum letzten Mann‹), **›She wore a Yellow Ribbon‹** (1949, dt. ›Der Teufelshauptmann‹) und **›Rio Grande‹** (1950, gedreht im Großraum Moab) aus unterschiedlichen Blickwinkeln auf die Konflikte zwischen US-Armee und Indianern ein. Während bewaffnete Auseinandersetzungen in ›Fort Apache‹ als relativ nutzlos dargestellt werden, verspricht sich die Kavallerie in ›She wore a Yellow Ribbon‹ von einer aggressiven Haltung durchschlagenden Erfolg. Den kriegerischen Höhepunkt bildet ›Rio Grande‹, in dem die US-Armee beim Sturmangriff auf die Indianer sogar internationales Recht verletzt, als sie die Grenze zu Mexiko überschreitet.

Tag und Nacht Oscar-verdächtig – wie Inseln im Meer treiben die weltberühmten markanten Felsen des Monument Valley in die hereinbrechende Dunkelheit

zu Pferde auf den rostroten Klippen vor der atemberaubenden Felskulisse gegen Trinkgeld für Fotos posieren.

In entlegenere Gegenden des Monument Valley, wie in das Tal zwischen The Mittens und **Merrick Butte** oder in das **Mystery Valley**, das ›Geheimnisvolle Tal‹, gelangt man nur im Rahmen von geführten Touren: **Ausritte** beginnen am Parkeingang, **Jeeptouren** starten am Tribal Park Visitors Center. Dort, hoch über dem Monument Valley, liegt auch der Goulding's Campground (Tel. 435/727-32 31, www.gouldings.com) mit unvergesslichen Ausblicken.

i Praktische Hinweise

Information

Monument Valley Tribal Park Visitors Center, Tel. 435/727-58 70, Fax 435/727-58 75, www.navajonationparks.org

Hotel

The View, beim Tribal Park Visitors Center, Monument Valley, Tel. 435/727-55 55, Fax 435/727-45 45, www.monumentvalleyview.com. Im Dezember 2008 eröffnetes Hotel im Valley mit atemberaubenden Ausblicken auf die Felsen.

15 Natural Bridges National Monument

An den von Naturhand gebauten Brücken nagt der Zahn der Zeit.

Drei Sandsteinbrücken machen den Reiz des Naturparks (Tel. 435/692-12 34, www.nps.gob/nabr) im südöstlichen Utah aus. Im Gegensatz zu den durch Wind und Wetter geformten *Arches* wurden die *Natural Bridges* zunächst durch Bäche und Flüsse ausgewaschen und erst anschließend durch Wind und Regen weiter derart kunstvoll abgeschliffen.

Der 14 km lange **Bridge View Drive** verbindet die Wanderparkplätze und Aussichtspunkte mit Blick auf die jeweils 3 km auseinander liegenden Brücken. Erstes Ziel an der Einbahnstraße ist die beeindruckende **Sipapu Bridge**. Zu der mit 67 m Höhe und 81,5 m Spannweite größten Brücke im Park führt ein 1 km langer Pfad in den *White Canyon* hinab. Als ›geologischer Teenager‹ gilt die im selben Canyon gelegene **Kachina Bridge**. Der Wanderpfad zu dem mit 28 m dicksten der drei Brückenbogen, von dem 1992 ein 4000 t schwerer Sandsteinbrocken abbrach, ist ebenfalls 1 km lang. Die **Owachomo Bridge** besteht aus einem nur noch 3 m dünnen, eleganten Bogen von 55 m Spannweite. Man erreicht diese älteste Brücke des Parks über einen kurzen, vom Bridge View Drive abzweigenden Weg.

Ausflug

Die asphaltierte SR 261, der **Moki Dugway Scenic Byway**, führt südöstlich des Natural Bridges National Monument durch eine äußerst monotone, mit sperrigen Büschen und Gras bewachsene Landschaft, bis sie sich urplötzlich in einer Sequenz enger, geschotterter Serpentinen eine steile Abbruchkante hinunterschwingt. Diese Kurven sind auch für mittelgroße Wohnmobile problemlos befahrbar. Sie bieten ein schier endloses Panorama mit dem weiten Tal des San Juan River im Hintergrund.

Kurz vor der Einmündung der SR 261 in die US Hwy 163 bei Mexican Hat verbirgt sich ein geologisches Schmuckstück im **Goosenecks State Park** (Zufahrt über SR 316), in dem der *San Juan River* gewaltige, über 300 m tiefe Canyons in das Hochplateau gegraben hat. Auf 1,5 km Luftlinie legt der mäandernde Fluss hier in zwei engen Schleifen 8 km zurück. Vom Aussichtspunkt blickt der Betrachter auf die Flusswindungen, die sich an dieser Stelle beinah berühren. Ein fantastisches grauweißes Zickzackmuster schmückt die steilen Felsen der Umgebung.

16 Mesa Verde National Park

Tausende Anasazi-Indianer lebten einst in den Klippenwohnungen dieses Plateaus.

Der im Südwestzipfel von Colorado, westlich von Durango, gelegene Mesa Verde National Park beherbergt die größte Ansammlung von **Cliff Dwellings** (Klippenwohnungen) der Anasazi. Das große, bewaldete *Hochplateau* des Parks zwischen Montezuma Valley und Mancos Valley ähnelt einem leicht nach Süden geneigten ›grünen Tisch‹ (span. *mesa verde*). Seine Südkante wird durch zahlreiche, vom Wasser erodierte Canyons in einzelne kleinere Mesas zerfranst, darunter Wetherill Mesa und Chapin Mesa, auf denen sich die Mehrzahl der Klippenwohnungen befinden.

Bereits Mitte des 6. Jh., während der späteren **Korbflechterperiode**, lebten Indianer in sog. Erdgrubenhäusern (*Pit Houses*) auf dem Gebiet des heutigen Nationalparks. Mitte des 8. Jh. erfolgte der Übergang zur **Puebloperiode**: Die Anasazi errichteten damals zunächst ober-

◁ *Atemberaubende Architektur – unter einem mächtigen Felsdach der Chapin Mesa errichteten die Anasazi im Mittelalter den heute so genannten Cliff Palace, eine Anlage mit Türmen, Kivas und einer beträchtlichen Zahl von Wohnräumen*

irdische Einzelhäuser, die in der **klassischen** Puebloperiode (1100–1300) zu Komplexen mit mehr als 150 Räumen ausgebaut wurden. Um 1200 errichteten Puebloindianer erstmals größere Cliff Dwellings in den Canyonwänden. Insgesamt 5000 Personen bewohnten die über das heutige Parkgebiet verteilten Anlagen. Funde belegen, dass sie bereits ein Jahrhundert später aus heute unbekannten Gründen wieder verlassen wurden. Erst 1888 wurden die in Vergessenheit geratenen Höhlenbauten von den Cowboys Richard Wetherill und Charles Mason wieder entdeckt. 1978 erklärte die UNESCO die Cliff Dwellings zum Weltkulturerbe erklärt.

Vor dem Rundgang sollte man im **Far View Visitor Center** (tgl. 8–17 Uhr) die Tickets für die Besichtigung von Cliff Palace oder Balcony House (jew. 1 Std.) und Long House (1,5 Std.) kaufen. Diese Klippenwohnungen können nur auf rangergeführten Touren besichtigt werden.

Von der Straßengabelung hinter dem Visitor Center folgt man der Route zur **Chapin Mesa** im Süden, wo das vorzügliche **Chapin Mesa Archaeological Museum** (Mitte Mai–Anfang Sept. tgl. 8–18.30

Indianerimmobilien in bester Lage

Im Südwesten der USA sind einige eindrucksvolle historische **Wohnkomplexe** der Indianer erhalten, die durchaus als Vorgänger der Adobe-Architektur interpretiert werden können [s. S. 108].

Bauherren dieser mittelalterlichen Anlagen waren vor allem die **Anasazi** (in der Navajosprache ›die aus alter Zeit stammenden Feinde‹, die Eigenbezeichnung ist unbekannt). Die Blüte der Anasazi-Kultur (11.–13. Jh.) entfaltete sich in drei Zentren: **Mesa Verde** (Colorado), **Kayenta** (Navajo National Monument, Arizona) und **Chaco Culture** (New Mexico). In dieser Periode entstanden auch die **Cliff Dwellings**, aus Sandstein gemauerte mehrstöckige Wohnungen in Klippen und Höhlen.

Die Zugänge führten über lange Hängeleitern oder in den weichen Fels gemeißelte Trittspuren und Griffe. Die Bauweise bot ein Maximum an **Sicherheit** gegenüber äußeren Feinden, bedeutete aber zugleich Wohnen auf engstem Raum. Forschungen haben ergeben, dass die Klippenwohnungen **um das Jahr 1300** verlassen wurden, die Gründe dafür liegen jedoch im Dunkeln. Es wird vermutet, dass soziale Umwälzungen, anhaltende Trockenheit und fortschreitende Bodenerosion die Bewohner der Klippenwohnungen zur Abwanderung zwangen.

Die meisten Anasazi zogen damals vermutlich nach Südosten in die Pueblos am Rio Grande. Doch die aus dem Canyon de Chelly [Nr. 19] wanderten aller Wahrscheinlichkeit nach Richtung Südwesten, wo sie als Vorfahren der Hopi-Indianer sesshaft wurden. Deshalb werden die Anasazi mitunter auch als ›Ancestral Puebloans‹, als Ahnen der Pueblo-Indianer, bezeichnet.

Uhr, sonst kürzer) Informationen über den Park sowie die Bedeutung und Konstruktion der Anasazi-Klippenwohnungen vermittelt. Hier beginnt auch der kurze Weg zu dem unter einem niedrigen Überhang gelegenen **Spruce Tree House**. Dieses mit 114 Räumen und acht Kivas drittgrößte Cliff Dwelling in Mesa Verde ist zugleich eines der am besten erhaltenen. Ein Eck- und ein Rundturm, jeweils dreistöckig, mit feinen, glatten Wänden gehören zu den eindrucksvollen Zeugnissen der Anasazi-Baukunst.

Im Folgenden teilt sich der **Mesa Top Loop Drive**, wie die Parkstraße hier heißt, entlang des Cliff Canyon in zwei 10 km lange Rundtouren. Die *östliche* Straße führt zur wohl beeindruckendsten Klippenanlage der Anasazikultur, dem

TOP TIPP **Cliff Palace** (im Sommer tgl. 9–18 Uhr, sonst kürzer; Zugang über vier kurze Leitern). Der bis zu vierstöckige Wohnkomplex besteht aus 151 Räumen, einigen Türmen sowie 23 Kivas und liegt unter einem riesigen Überhang in der Ostwand des Cliff Canyon. So steht der 99 m lange ›Klippenpalast‹ bis zum Spätnachmittag im Schatten.

Nur für Schwindelfreie – Gäste auf dem Weg zur Klippenwohnung Balcony House im Mesa Verde National Park

Um 1278 wurde das **Balcony House** (im Sommer tgl. 9–17 Uhr, sonst kürzer) oberhalb des Soda Canyon fertig gestellt. Die versteckte Lage und der schwierige Zugang – über mehrere Leitern und durch einen 4 m langen Tunnel – weisen darauf hin, dass Verteidigungsstrategien im Vordergrund standen.

Populärste Ziele am *westlichen* Ast des Mesa Top Loop Drive sind **Sun Temple** und **Sun Point Overlook**, die sich auch als Aussichtspunkte mit Blick auf den Cliff Palace empfehlen. Die D-förmige Anlage des Sun Temple lässt vermuten, dass es sich hierbei um einen Zeremonialbau handelt. Doch wurden die Arbeiten am ›Sonnentempel‹ 1276, noch vor seiner Vollendung, eingestellt.

Die 19 km lange, kurvenreiche Strecke zur **Wetherill Mesa** ist nur von Ende Mai bis Anfang September geöffnet und für größere Wohnmobile (länger als 25 ft.) gesperrt. An ihrem Ende kann man im **Step House** nebeneinander Grubenhäuser der Korbflechterperiode (7. Jh.) und klassische Puebloruinen aus dem 13. Jh. sehen. Weiter südlich liegt das weitläufige **Long House** (tgl. 10–17 Uhr, Zufahrt ab Parkplatz per Shuttlebus), mit 21 Kivas und 150 Räumen das zweitgrößte Cliff Dwelling im Park. Es besitzt einen großen, zentralen Platz, der für Tänze und religiöse Zeremonien genutzt wurde.

i Praktische Hinweise

Information

Mesa Verde National Park, Tel. 970/529-44 65, Fax 970/529-46 37, www.nps.gov/meve

Hotel

****Far View Lodge**, nahe Far View Visitor Center, Tel. 602/331-5210, Tel. 800/449-22 88, Fax 970/564-43 11, www.visitmesaverde.com. Einfache Zimmer mit Panoramablick auf Mesa Verde.

Camping

Morefield Campground, Morefield Village, Tel. 800/449-22 88, Nette Anlage am Parkeingang (Mitte Okt.–Ende April geschl.).

Immer an der Wand lang – eine romantische, panoramareiche Bahnfahrt geht von der einstigen Minenstadt Durango durch die San Juan Mountains nach Silverton

17 Durango

Minenstadt mit nostalgischer Dampfbahnlinie durch die Berge.

1881 kam die erste Eisenbahnlinie nach Durango (15 500 Einw.), und das kleine Nest in den bewaldeten San Juan Mountains wurde nun zum wichtigen Versorgungspunkt für die benachbarten Minenorte. Im **Gold-** und **Silberboom** durchlöcherten Ende des 19. Jh. Prospektoren die umliegenden Hänge. Von legendären Reichtümern in den Bergen – vielleicht aber auch von den immensen Baukosten der kurvenreichen Strecke – kündet der **Million Dollar Highway** (US Hwy 550), auch *San Juan Skyway* genannt, der von Durango über Silverton nach Ouray führt. Besonders auf den bis 3355 m hohen Pässen verläuft die Route spektakulär.

Top Tipp

Auf der Schmalspurtrasse von 1882 schmaucht die historische **Durango and Silverton Narrow Gauge Railroad** (Tel. 888/872-46 07, www.durangotrain.com, Mitte Mai–Okt. 8.15 Uhr ab Durango) mit 1923–25 erbauten Dampflokomotiven flussaufwärts am Animas River entlang. Mit fabelhafter Aussicht auf die schroffen San Juan Mountains und tiefe Flussschluchten kämpft sich der Zug auf der 72 km langen Strecke – die wohl *attraktivste Zugfahrt* in den USA – bis auf rund 2850 m Höhe empor. Die Rundreise zu dem auf Wildwestlook getrimmten einstigen Silberminenörtchen **Silverton** dauert insgesamt über 9 Std. (inkl. 2 Std. Aufenthalt).

Zahlreiche Passagiere der Dampfbahn strömen auch durch Durangos ansonsten eher beschauliches Zentrum mit Häusern aus dem ausgehenden 19. Jh. Die bahnhofsnahe, hübsche **Main Avenue** mit ihren Restaurants, Saloons und kleinen Geschäften verwandelt sich dann in eine Promenade.

Zum **Freizeitangebot** der Umgebung gehören Ausritte, ein exzellentes Mountainbike-Revier sowie Wildwasserfahrten auf dem Animas River. Man kann auch einen Jeep ausleihen und mit ihm die alten Geisterstädte, Bergwerkstraßen und Gebirgspässe erkunden. Das pittoreske Silverton z. B. ist Ausgangspunkt des *Alpine Loop Scenic Byway* über Cinnamon Pass und den 3900 m hoch gelegenen Engineer Pass.

i Praktische Hinweise

Information

Durango Area Tourism Office, 111 S. Camino del Rio, Durango, Tel. 970/247-35 00, Tel. 800/463-87 26, Fax 970/385-78 84, www.durango.org

Das Strater Hotel bezeugt, wie edel man schon im Durango des 19. Jh. wohnte

Sport

Hassle Free Sports, 2615 N. Main Ave., Durango, Tel. 970/259-38 74, Tel. 800/835-38 00, www.hasslefreesports.com. Verleih von Mountain Bikes und Skiausrüstung, Karten für die Planung.

Hotel

TOP TIPP ***__Strater Hotel__**, 699 Main Ave., Durango, Tel. 970/247-44 31, Tel. 800/247-44 31, Fax 970/259-22 08, www.strater.com. Viktorianisches Nobelhotel von 1887 mit authentisch eingerichteten Räumen. Für Abendunterhaltung im ›Diamond Belle Saloon‹ sorgen Klavierspieler und Saloongirls.

Restaurant

Steamworks Brewing Company, 801 E. 2nd Ave., Durango, Tel. 970/259-92 00, www.steamworksbrewing.com. Das Downtown-Restaurant serviert Lunch und Dinner, dazu Hausgebrautes – bis in die frühen Morgenstunden.

18 Chaco Culture National Historical Park

Imposante Anasazi-Ruinen in einem einsamen Tal.

Der **Chaco Canyon** im Nordwesten New Mexicos beheimatet eine der wichtigsten archäologischen Ausgrabungsstätten der USA. Sie wurde 1987 von der UNESCO zum Weltkulturerbe deklariert. Eine interessante audiovisuelle Ausstellung im **Museum** des *Visitor Center* dokumentiert die Kultur der Chaco-Anasazi. In dem 24 km langen Tal ruhen die überwiegend aus dem 10.–12. Jh. stammenden **Ruinen** von 18 größeren Pueblos.

Im Gegensatz zu den Klippenwohnungen von Mesa Verde [Nr. 16] wurden diese Siedlungen auf dem Talboden errichtet. Die Anasazi hatten hier ein ausgeklügeltes Bewässerungssystem aus Kanälen angelegt, mit dessen Hilfe sie ihre Felder bestellten. Über ein ausgedehntes **Straßennetz** war dieses politische, kommerzielle und religiöse Zentrum der Chaco-Anasazi mit 75 weiteren Dörfern verbunden. Eine breite Trasse führte z. B. zum 90 km entfernten heutigen Aztec Ruins National Monument. Rund 5000 Menschen lebten zur **Blütezeit** der Kultur (1050–1150) in der Region. Archäologische Funde, insbesondere kunstvoll gearbei-

Als Schauplatz religiöser Zeremonien diente die große Kiva der Casa Rinconada im Chaco Canyon, der bis zum 12. Jh. ein bedeutendes Zentrum der Anasazi war

tete Schmuckstücke aus und mit Türkis, belegen rege Handelsbeziehungen bis nach Mexiko. Schon vor dem Jahr 1200 setzte jedoch die Abwanderung aus dem Gebiet ein.

Die beste **Route** zum abgelegenen Chaco Canyon beginnt nordöstlich des Parks bei Nageezi: 8 km Asphaltstraße und 26 km Sandpiste lassen sich bei Trockenheit gut befahren. Vom Highway 9 zweigt die 34 km lange südliche Zufahrt ab, eine unbefestigte Holperpiste.

Die meisten Ruinen im Park sind auf kurzen **Wanderpfaden** leicht erreichbar. Sie liegen durchweg in der Nähe der 14 km langen asphaltierten Rundstrecke durch den Canyon. Herzstück der Chaco-Kultur ist das riesige, in D-Form angelegte ›schöne Dorf‹ **Pueblo Bonito** am Fuße der nördlichen Canyonwand. Mit 160 m Länge und 90 m Breite ist es das größte Anasazi-Bauwerk im Südwesten. Im späten 12. Jh. besaß Pueblo Bonito auf vier Stockwerken rund 600 Räume, außerdem über 30 kleine und zwei große kreisrunde Kivas (Zeremonienräume). Die mit 19 m Durchmesser größte Kiva des Canyon befindet sich im Ruinenkomplex der **Casa Rinconada** südlich des Pueblo Bonito auf der anderen Straßenseite.

Top Tipp

Praktische Hinweise

Information

Chaco Culture National Historical Park, Tel. 505/786-70 14, Fax 970/786-70 61, www.nps.gov/chcu

19 Canyon de Chelly National Monument

Eindrucksvolle Ruinen schmücken die felsige Heimat der Navajo-Indianer.

Im Nordosten Arizonas, nahe der Grenze zu New Mexico, wird das ansonsten ebene Defiance-Hochplateau von zahlreichen tiefen Schluchten mit vertikalen Canyonwänden aus glattem, rötlichgelbem Sandstein unterbrochen. Vom Eingang des Canyon de Chelly National Monument folgen zwei Straßen den beiden größten Schluchten, Canyon de Chelly und Canyon del Muerto, zu Aussichtspunkten mit Blick über Felsen und Ruinen. Abgesehen vom *White House Trail* [s. S. 64] dürfen Besucher nur in Begleitung von Park Rangern oder autorisierten Navajo-Führern in die Canyons.

Auf großer Fahrt im Land der Felsen – Navajos zeigen den Besuchern des Canyon de Chelly die Heimat ihrer Vorfahren

Während der Puebloperiode errichteten die **Anasazi** ab 750 erste Dörfer im Tal. In den folgenden Jahrhunderten entstanden beeindruckende Cliff Dwellings in den Canyonwänden. Doch bereits Ende des 13. Jh. verließen die Bewohner das Gebiet. In der Folgezeit bebauten die außerhalb der Schlucht sesshaften **Hopi**, ebenfalls Puebloindianer, das fruchtbare Land. Um das Jahr 1700 kamen die **Navajo**, ein halbnomadischer Stamm, in den Canyon de Chelly. Von den Puebloindianern erlernten sie die Landwirtschaft und bauten kleine Siedlungen mit *Hogans*. Das sind einräumige fensterlose Rundhütten aus Stein, Adobe, Stroh und Holz mit ostseitigem Eingang und Kuppeldach.

1805 begingen spanische Soldaten ein **Massaker** an 115 Navajo, die sich im Canyon unter einem Überhang verschanzt hatten. Nachdem die USA den Südwesten von Mexiko erworben hatten, vernichteten die neuen Herren unter Colonel Christopher ›Kit‹ Carson im Winter 1863/64 Häuser, Felder und Vieh der Navajo. Rund 8000 Indianer ergaben sich im Canyon de Chelly und wurden nach **Fort Sumner** in New Mexico verbannt. Sie erreichten das Fort auf einem 600 km langen, entbehrungsreichen Fußmarsch, der unter der Bezeichnung **Long Walk** (›Langer Marsch‹) in die Geschichte einging. Nach vier Jahren Exil durften sie wieder in ihr Heimatland zurückkehren.

Heute ist das Canyon de Chelly National Monument Teil der **Navajo Indian Reservation**. Im Sommer bewirtschaften die Indianer längs des Flussbettes ihre Felder, weiden Schafe und Pferde oder verkaufen am oberen Canyonrand Silberschmuck und Kunstgewerbe.

Der 30 km lange **South Rim Drive** beginnt am *Visitor Center* und folgt dem südlichen Rand des **Canyon de Chelly**. Die Felswände der Schlucht steigen von anfänglich 10 m auf bis zu 300 m Höhe an. Vom ersten attraktiven Zwischenstopp am **Junction Overlook** überblickt man an der Einmündung des Canyon del Muerto in den Canyon de Chelly gleich zwei Schluchten auf einmal. Am nächsten Aussichtspunkt, dem **White House Overlook**, beginnt der 2 km lange **White House Trail**. Der einzige frei zugängliche Wanderweg im Park führt auf einem gut markierten Pfad vom Canyonrand 180 m hinunter zum Talboden. Dort erblickt man die malerisch in einer Felsnische über dem Talgrund liegenden Klippenwohnung **White House Ruin**, die etwa bis zum Jahr 1060 bewohnt war. Die 70 Räume der Anlage blieben dank ihrer geschützten Lage gut erhalten.

Eines der Glanzlichter des Parks erhebt sich am Ende des South Rim Drive. Stolz und unnahbar reckt sich eine mächtige Felsnadel namens **Spider Rock** 240 m in die Höhe. Der Legende nach gilt sie als Sitz der Göttin *Spider Woman*, die den Navajo-Frauen das Weben beigebracht hat. Den Navajo-Kindern wird erzählt, dass die Götter die unartigen unter ihnen auf die Felsnadel hole. Und auf der Felsspitze sollen die sonnengebleichten Knochen dieser Kinder liegen.

Der 27 km lange **North Rim Drive** führt am Rand des **Canyon del Muerto** entlang, der genauso steile Felsklippen aufweist wie sein südliches Pendant. Von den Aussichtspunkten des Drive genießt man morgens das beste Fotolicht. Im Fokus stehen **Antelope House Ruin** und

Residenz der Spinnenfrau – die Navajo-Göttin Spider Woman konnte vom spitzen Spider Rock im Canyon de Chelly ihre Schutzbefohlenen vorzüglich beobachten

Mummy Cave, zwei große, miteinander verbundene Klippenwohnungen. In der **Massacre Cave** am Ende des North Rim Drive fand 1805 das namengebende Massaker an den Navajo statt [s. S. 63].

i Praktische Hinweise

Information

Canyon de Chelly National Monument, Tel. 928/674-55 00, Fax 928/674-55 07, www.nps.gov/cach

Touren

Canyon de Chelly Tours, Tel. 928/674-54 33, www.canyondechellytours.com. Dreistündige bis ganztägige Jeepfahrten in den Canyon.

Totsonii Ranch, South Rim Drive, 2 km nach Ende der Asphaltstrecke, Tel. 928/755-20 37, www.totsoniiranch.com. Im Angebot ca. vierstündige Canyonritte von der Ranch zum Spider Rock, 300 Höhenmeter abwärts.

Hotel

***Thunderbird Lodge**, Tel. 928/674-58 41, Tel. 800/679-24 73, Fax 928/674-58 44, www.tbirdlodge.com. Adobe-Hotel in einem Pappelhain am westlichen Parkeingang mit Restaurant in der Handelsniederlassung von 1896.

Camping

Cottonwood Campground. Der einzige Campingplatz im Park liegt neben der Thunderbird Lodge; sehr einfach, ohne Duschen.

An den Hängen der Blue Mesa im Petrified Forest National Park haben die versteinerten Baumstämme offensichtlich einst Purzelbäume geschlagen

20 Petrified Forest National Park

Farbenfrohe Wüste und versteinerte Wälder.

Zwei vegetationsarme, trockenheiße und doch unterschiedliche Landschaftsformen charakterisieren den Petrified Forest National Park bei Holbrook im nordöstlichen Arizona. Im Norden erstrahlen die sedimentären Gesteinsschichten der kargen Painted Desert (›bunte Wüste‹) in vielen Farben, im Süden verzeichnet der Petrified Forest (›versteinerter Wald‹) die größte Ansammlung versteinerter Baumstämme in den USA.

Die **Versteinerungen** konnten entstehen, weil vor 225 Mio. Jahren Baumstämme aus den tropischen Wäldern im Süden dieser Region in die ausgedehnten Flussebenen geschwemmt wurden und dort versanken. Dicke Schichten Schlamm, Vulkanasche und andere Sedimente bedeckten die Stämme, die unter Luftabschluss und Einfluss von silikatreichem Grundwasser versteinerten und zugleich durch eingeschlossene eisenhaltige Mineralien in Verbindung mit Quarz und Mangan in zahlreichen Farbtönen gesättigt wurden.

Im Laufe von Jahrtausenden förderte die Erosion die versteinerten **Baumstäm-**

Hügel im Streifenlook – bei einer Wanderung durch den Petrified Forest kann man die urtümliche, zuweilen außerirdisch erscheinende Szenerie genießen ▷

me und **Fossilien** von Farnen und Dinosaurierknochen wieder zutage. Später hinterließen nomadisierende und sesshafte **Indianer** ihre Spuren – Keramikfragmente, Mauerreste und Petroglyphen (Felsritzungen) sind erhalten – doch um 1400 verließen sie aus unbekannten Gründen die Gegend. Erst 1851 wurden die versteinerten Wälder in den Protokollen einer Vermessungsexpedition wieder erwähnt und bald darauf kamen die ersten Touristen. Versteinertes Holz wurde rasch zum begehrten Souvenir, deshalb stellte man das Gebiet schon Anfang des 20. Jh. unter Naturschutz. Seitdem ist das Mitnehmen von versteinertem Holz aus dem Nationalpark verboten.

Zur **Painted Desert** im Norden führt die Ausfahrt 311 der Autobahn I-40. Gleich hinter dem Parkeingang liegt das *Visitor Center*, das einen Film zu den Versteinerungen zeigt. Von dort aus zieht sich der **Scenic Drive** 43 km lang südwärts bis zum Parkeingang an der US Hwy 180.

1924 wurde am **Kachina Point**, einem schönen Aussichtspunkt, das **Painted Desert Inn** (tgl. 9–17 Uhr) erbaut. Jahrelang war es ein Adobe-Motel an der legendären Route 66, heute beherbergt es ein kleines *Museum* zur Kulturgeschichte des Parks. Um den fantastischen Aussichtspunkt **Pintado Point** gruppieren sich weitere Panoramaplätze. Sie liegen am oberen Rand der Steilabbrüche, die zur der versteinerungs- und fossilienreichen *Chinle-Formation* gehören. Im Morgen- oder Nachmittagslicht leuchten die Gesteinsschichten der tiefer liegenden, weiten Painted Desert besonders ausgeprägt rostrot, purpur oder blaugrau.

Südwärts taucht der Scenic Drive unter der Autobahn durch, führt in die busch- und grasbewachsene Hochwüste und überquert wenig später die Schienenstränge der Santa Fe Railroad. Von der indianischen Besiedlung künden das bis ins 14. Jh. bewohnte, 76-räumige **Puerco Pueblo** sowie Felszeichnungen in der Umgebung. Eine Fülle von Petroglyphen schmückt auch den großen ›Zeitungsfelsen‹, den **Newspaper Rock**, südlich des Pueblo.

Weiter geht es, vorbei an den **Tepees**, pyramidenförmigen Sandsteinhügeln, zur **Blue Mesa**, einem großen, stark erodierten Tafelberg mit verschiedenfarbigen Gesteinsschichten. Vielerorts liegt hier versteinertes Holz, dessen Maserung samt Rinde noch sehr gut zu erkennen ist. Ein 1,5 km langer Rundweg erschließt diese so bizarr und abweisend erscheinende Szenerie.

Als nächster Stopp an der Parkstraße bietet sich **Agate Bridge** an, wo ein versteinerter Baumstamm eine ausgewaschene Schlucht überspannt. 1917 wurde diese Naturbrücke mit Beton verstärkt.

Im **Jasper Forest** blieben die Wurzelsysteme einiger Bäume als Versteinerungen erhalten. Etwas weiter südlich fanden sich in den ebenfalls versteinerten Stämmen des **Crystal Forest** zahlreiche Kristalle, die unter den Souvenirsammlern des 19. Jh. sehr begehrt waren. Entlang des 1 km langen Rundweges durch den

›Wald‹ kann man noch heute einige sehr schöne Versteinerungen mit solchen Kristalleinlagerungen entdecken.

Zwei Areale mit sehenswerten Versteinerungen umfasst auch der nahe des südlichen Parkeingangs gelegene **Rainbow Forest**. In diesem ›Regenbogenwald‹ liegen entlang des 1 km langen *Long Logs Trail* besonders viele farbenprächtige Baumstämme. Gegenüber präsentiert das **Rainbow Forest Museum** (Tel. 928/524-6228, tgl. 7–18 Uhr) u.a. pflanzliche Fossilien und Dinosaurierskelette. Der hier beginnende *Giant Logs Trail* schließlich führt zu den größten Versteinerungen im Park.

i Praktische Hinweise

Information

Petrified Forest National Park, Tel. 928/524-6228, Fax 928/524-3567, www.nps.gov/pefo

21 Flagstaff

Das Sprungbrett zum Grand Canyon.

Das von vulkanisch geprägter Landschaft und weiten Kiefernwäldern umgebene, 2000 m hoch gelegene Flagstaff (58 000 Einw.) ist die größte Stadt im Norden Arizonas. Namensgeber des 1881 gegründeten Ortes soll ein Kiefernstamm gewesen sein, der am 4. Juli 1876, dem Independence Day, vom ersten Siedler als Fahnenmast (engl. Flagstaff) genutzt worden war. Durch den Anschluss des Ortes an die Eisenbahnlinie 1882 begünstigt, entwickelte er sich zum wirtschaftlichen und kulturellen Zentrum der Region.

Während der Sommermonate ist Flagstaff heute Ziel von Touristen aus aller Welt, die von hier aus eine der größten Attraktionen der USA, den Grand Canyon [Nr. 2], besuchen. Im Norden streben die

San Francisco Mountains empor, mit dem 3850 m hohen *Humphreys Peak* als höchstem Gipfel Arizonas. Zu seinen Füßen liegt das populäre Skigebiet *Arizona Snowbowl*.

Das Zentrum mit der **Santa Fe Avenue** – Teilstück der Route 66 – und dem attraktiven Bahnhofsgebäude besticht durch nostalgisches Flair. In den hübsch restaurierten Backsteinbauten aus dem späten 19. und frühen 20. Jh. laden kleine Geschäfte, gemütliche Bars, Restaurants und Cafés zum Verweilen ein.

Westlich der Innenstadt gründete der wohlhabende Bostoner Percival Lowell 1894 das **Lowell Observatory** (1400 W. Mars Hill Rd., www.lowell.edu, Tel. 928-774-3358, März–Okt. tgl. 9–17, sonst tgl. 12–17 Uhr), noch heute ein bedeutendes astronomisches Forschungszentrum. Zu den berühmtesten Entdeckungen gehört die des **Planeten Pluto** im Jahre 1930. Das **Museum** führt mit Hilfe von Animationen, Videos und interaktiven Installationen in die Geheimnisse des Weltalls ein. Die **Sternwarte** (Juni–Aug. Mo–Sa 17.30–22, sonst Mo, Mi, Fr/Sa 17.30–21.30 Uhr) bietet ein interessantes Abendprogramm mit Sternenbeobachtung per Teleskop.

Mit Geologie und Biologie des Colorado Plateau sowie mit Kunst und Kultur der Anasazi, Navajo und Hopi beschäftigt sich das **Museum of Northern Arizona** (3101 N. Fort Valley Rd., Tel. 928/774-5213, www.musnaz.org, tgl. 9–17 Uhr) im Norden der Stadt. Es zeigt z. B. eine rekonstruierte *Hopi-Kiva*, den gebräuchlichen runden Zeremonialraum. Derzeit ist das Easton Collection Center im Bau, das zusätzlichen Ausstellungsraum schaffen wird (bis etwa 2009). An Sommerwochenenden finden indianische Märkte und Handwerksvorführungen statt.

Schlafendes Ungeheuer – der Sunset Crater nördlich von Flagstaff war vor Jahrhunderten ein aktiver Vulkan

Route 66 – transkontinentale Traumstraße ins gelobte Land

Im Jahr 1926 wurde der US Highway 66, die 3939 km lange Transkontinentalroute von Chicago nach Los Angeles, eingeweiht. Als moderne, gut ausgebaute Ost-West-Verbindung war sie bald Inbegriff des American Dream. Man nannte die Route 66 auch **Main Street of America** oder **Mother Road** und brachte damit ihre große Bedeutung für die schnelllebige, fortschrittsgläubige amerikanische Gesellschaft zum Ausdruck. Sie war mehr als eine wichtige Verkehrsverbindung, denn sie rückte für viele das gelobte Land im Westen in erreichbare Nähe. Kein Wunder also, dass die Route 66 bald als Symbol amerikanischer Freiheit besungen und in vielen Büchern beschrieben wurde.

Legendäre Genüsse – in Mr. D'z Diner an der Route 66 werden die guten alten Zeiten von Kingman wieder lebendig

Während der **Weltwirtschaftskrise** der 1930er-Jahre wurde sie für Farmer aus dem Mittelwesten, die durch die von Staubstürmen begleitete Dürre ruiniert worden waren, zur **Straße der Hoffnung**. Auch Arbeitslose aus den großen Industriestädten des Nordens folgten damals der Route 66 westwärts in Richtung Kalifornien. Und schließlich

Der Geschichte der Traumstraße 66 wird auch in Seligman mit viel Nostalgie und Atmosphäre, mit Tankstelle und Truck, Tribut gezollt

entdeckten Reisende auf ihr auch die grandiosen Naturwunder in den Nationalparks des Südwestens.

Unablässig wurde an der Verbesserung der Streckenführung gearbeitet, wurde die Straße begradigt und verbreitert. Schon 1937, kaum dass die Route 66 komplett asphaltiert war, wurden Teilstücke wie der Schlenker über Santa Fe zugunsten neuer Kurzstrecken stillgelegt. In den folgenden Jahrzehnten entstand dann ein modernes **Autobahnnetz**, dem große Teile der Route 66 geopfert wurden. In **New Mexico** und **Arizona** z. B. ersetzte die 1984 eröffnete I-40 die alte Strecke komplett. Ihre Rolle als Transkontinentalverbindung hatte sie also längst verloren.

Doch die **Legende** lebt fort: Zu dem Zeitpunkt, als die meisten ›Hwy 66‹-Straßenschilder bereits entfernt worden waren, erlebte die Route 66 im Zuge einer Nostalgiewelle ein **Comeback**. Die verbliebenen Originalabschnitte wurden als **Historic Route 66** quasi unter Denkmalschutz gestellt. Und auch die alten Etappenpunkte und Ortschaften mit ihren **Tankstellen** und **Diners** erstrahlen heute wieder in neuem Glanz und profitieren von der Legende der Straße. In Originalgebäuden der 1930er- und 40er-Jahre wurden nostalgisch gestylte **Restaurants** eröffnet. Bobby Troups Song ›**Get Your Kicks on Route 66**‹, der in der Zeit nach dem Zweiten Weltkrieg die Orte und Menschen an der ›Main Street of America‹ besang und Synonym für Fernweh und Hoffnung vieler Amerikaner war, ist heute ein beliebter Klassiker.

In Arizona verläuft die **schönste Passage** der Route 66 von Kingman über den Gold Hill und den Sitgreaves Pass bis zur 90 km entfernten kalifornischen Grenze am Colorado River. Auf der Strecke liegt das alte Goldgräbernest **Oatman**. Heute ist es ein pittoresker Touristenort mit verwitterten Westernfassaden und wilden Eseln, die gelegentlich über die Route 66 trotten.

Ausflüge

Über den Hwy 89 gelangt man zum 25 km nördlich von Flagstaff gelegenen **Sunset Crater Volcano National Monument** (www.nps.gov/sucr), einem landschaftlichen Kontrastprogramm. Der 300 m hohe vulkanische Aschekegel mit dem 120 m tiefen Sunset Crater in seiner Mitte entstand nach einer gewaltigen Eruption im Jahr 1064. Es war die letzte Aktivität der rund 400, heute inaktiven Vulkane im Gebiet der San Francisco Mountains. Am Fuße des Sunset Crater führt der 1,5 km lange **Lava Flow Trail** über die schroffen Lavafelder. Den Aschekegel des benachbarten **Lenox Crater** darf man sogar besteigen.

Im 28 km entfernten **Wupatki National Monument** (www.nps.gov/wupa) sind mehrere größere Puebloruinen erhalten. Hier lebten ab dem 7. Jh. zunächst Sinagua-Indianer, die auf dem fruchtbaren Vulkanboden Felder anlegten. Die Sinagua (span. ohne Wasser) verdanken ihren Namen dem porösen Boden, der Regenwasser sehr schnell absorbiert. Das **Wupatki Pueblo** (›großes Haus‹) nahe dem *Visitor Center* ist das größte Pueblo der Region, mit etwa 100 Räumen auf vier Stockwerken. Es wurde ab 1120 erbaut, doch bereits 100 Jahre später wieder verlassen.

Zahlreiche kleinere Cliff Dwellings der Sinagua können im **Walnut Canyon National Monument** (www.nps.gov/waca) 15 km östlich von Flagstaff (I-40 Ausfahrt 204) besichtigt werden. Der am *Visitor Center* beginnende **Island Trail** (Rundweg 1,5 km) im Canyon gewährt interessante Einblicke in 25 Klippenwohnungen des 12./13. Jh. Die nach dem Ausbruch des Sunset Crater hier ansässigen Indianer widmeten sich ebenfalls der Landwirtschaft. Der etwa halb so lange **Rim Trail** führt an zwei Ruinen am Canyonrand vorbei.

Die traditionellen Tänze sind noch heute ein fester Bestandteil des Festkalenders – Indianer beim Pow Wow in Sedona

Praktische Hinweise

Information

Flagstaff Visitor Center, im Bahnhof, 1 E. Route 66, Flagstaff, Tel. 928/774-9541, Tel. 800/379-0065, Fax 928/556-1308, www.flagstaffarizona.org

Hotel

*****Little America Hotel**, 2515 E. Butler Ave., Flagstaff, Tel. 928/779-2741, Tel. 800/865-1401, Fax 928/779-7983, www.littleamerica.com/flagstaff.
In eine Parkanlage eingebettetes Hotel mit großzügigen Zimmern.

Restaurant

Beaver Street Brewery, 11 S. Beaver St., Flagstaff, Tel. 928/779-0079, www.beaverstreetbrewery.com. Die kleine Brauerei mit Bar und Biergarten bietet gute Lunch- und Dinner-Menüs.

22 Sedona

Malerische Mischung: majestätische rote Felsen und tiefgrüne Wälder.

Die quirlige Kleinstadt Sedona (11000 Einw.) liegt 40 km südwestlich von Flagstaff am Südende des Oak Creek Canyon, eingebettet in eine großartige Kulisse mit markanten Tafelbergen, dichten Wäldern und riesigen, rostbraunen Sandsteinmonolithen. Seit Anfang der 1980er-Jahre hat sich Sedona aufgrund seiner reizvollen Umgebung zu einem bedeutenden **Touristenziel** entwickelt. Zum sommerlichen **Freizeitangebot** gehören Schwimmen, Wandern, Mountainbiking, Jeeptouren und Ballonfahrten.

New Age Fans haben Sedona als Zentrum inspirierender Kräfte entdeckt und wissen um bestimmte Stellen in der Umgebung, wo sie dank psychisch aufbauender, elektromagnetischer Energiewirbel – den ›Vortex‹ – innere Ruhe und Inspiration tanken können. Vielleicht waren es diese Energiewirbel, die neben der Schönheit und Ursprünglichkeit der majestätischen Felsenlandschaft seit jeher **Künstler** anzog und beflügelte. Zu ihnen zählte in den 1940er-Jahren auch der deutsche Surrealist *Max Ernst* (1891–1976) Die heute etwa 40 Kunstgalerien der

Sommerfrische im Grünen – Sedona wurde in den 1980er-Jahren als wohl temperierter und erholsamer Urlaubsort und schon vorher als magische Inspirationsquelle entdeckt

Stadt präsentieren u.a. Westernskulpturen, indianischen Schmuck und moderne Gemälde. Das **Sedona Arts Center** (15 Art Barn Rd., Tel. 928/282-38 09, www.sedonaartscenter.com, tgl. 10–17 Uhr) zeigt vor allem Werke einheimischer Künstler.

Einen gemütlichen Einkaufsbummel in mexikanischem Ambiente verspricht das

Pack die Badehose ein – am Oak Creek Canyon nördlich von Sedona tummeln sich jeden Sommer fröhliche Wasserratten und enthusiastische Naturfreunde

3 km südlich des Zentrums an der SR 179 gelegene **Tlaquepaque** (www.tlaq.com), ein Viertel mit schattigen Innenhöfen, verzierten Brunnen und Bänken, Kunstgalerien, Boutiquen, Cafés und Restaurants.

Ausflüge

Einen überraschenden Kontrast zum Wüstencharakter Arizonas bildet der von roten Sandsteinfelsen gerahmte, wildromantische **Oak Creek Canyon** nördlich von Sedona (SR 89A) mit seinen Wäldern, eine herrliche Sommerfrische. An den schattigen Ufern des Oak Creek liegen kleine Ferienholzhäuser und schöne, stille Campingplätze. Den größten Besucherandrang im Canyon verzeichnet der **Slide Rock State Park** (www.azstateparks.com) 11 km nördlich von Sedona. Hier bietet der erfrischend kalte Oak Creek eine natürliche Wasserrutsche. Von der Strömung kann man sich über glatte Felsen und durch flache Pools treiben lassen.

i Praktische Hinweise

Information

Sedona Chamber of Commerce, 331 Forest Rd./SR 89 A, Sedona, Tel. 928/282-77 22, Tel. 800/288-73 36, Fax 928/282-39 16, www.visitsedona.com

Ballonfahrten

Northern Light Balloon Expeditions, Tel. 800/230-62 22, www.northernlightballoon.com. Einstündige Panoramafahrt über Sedona mit dem Heißluftballon.

Hotel

****__Casa Sedona B & B Inn__, 55 Hozoni Dr., Sedona, Tel. 928/282-29 38, Tel. 800/525-37 56, Fax 928/282-22 59, www.casasedona.com. Noble Frühstückspension mit Panoramablick auf die roten Felsen.

Restaurant

René at Tlaquepaque, 336 SR 179, Sedona, Tel. 928/282-92 25, www.renesedona.com. Attraktives Restaurant mit mexikanischem Flair.

23 Jerome

TOP TIPP *Kurioser Künstlertreff mit ›beweglichen‹ Häusern.*

Weit über das Verde Valley schweift der Blick von den steilen, gewundenen Straßen des 45 km südwestlich von Sedona gelegenen Jerome (343 Einw., www.jeromechamber.com). Ein steter Touristenstrom ergießt sich aus den beschaulichen Restaurants, aus den kuriosen bunten Läden und Boutiquen, die einst Saloons, Spielhallen und Bordelle wie das *House to Joy* beherbergten.

Als die Häuser laufen lernten – Jerome hat dank Aushöhlung durch Stollen auch eine bewegliche Vergangenheit

Hier wohnte kein rachsüchtiger mexikanischer König – das architektonisch interessante Montezuma Castle war einst eine Wohnanlage der Sinagua-Indianer

Benannt ist der einstige Bergbauort nach *Eugene Jerome*. Der New Yorker Geschäftsmann hatte 1876 nach den ersten Kupferfunden in den hiesigen Bergbau investiert, jedoch ›seinen‹ Ort selber nie aufgesucht. Zunächst im Berg-, dann im Tagebau wurden riesige Mengen von Kupfer abgebaut, und bald umgaben unzählige kleine bunte Häuser den steilen **Cleopatra Hill** von Jerome mit seinen 15 000 Einwohnern. Eines Tages aber begann der Berg nachzugeben, mit der Folge, dass die Häuser im Zeitlupentempo in die Tiefe rutschten. So wanderte z. B. das **Sliding Jail** (Hull Ave.) genannte Gefängnis damals 70 m weit den Hang hinab.

Oberhalb der **Little Daisy Mine**, der lukrativen Kupfermine des Bergbaumagnaten James ›Rawhide Jimmy‹ Douglas, erinnert der **Jerome State Historic Park** (www.pr.state.az.us, tgl. 9–17 Uhr) mit der Douglas Mansion (8100 Douglas Rd.), einer 1916 erbauten Villa, an vergangene Boomzeiten. Nebenbei kann man von hier den herrlichen Panoramablick über die Bergbauregion genießen.

Nach den letzten Minenschließungen von 1953 war Jerome fast zur Geisterstadt geworden. Doch in den 1970er-Jahren zogen wieder Bewohner in die alten Häuser, darunter viele Künstler, Hippies und Aussteiger. Sie verliehen dem einstigen Bergwerksnest ein neues Image als Künstlerkolonie.

Ausflüge

Auf einem Kamm über dem Verde River nordöstlich von Jerome liegen die Ruinen des Pueblo **Tuzigoot National Monument** (Tel. 928/634-5564, www.nps.gov/tuzi, Ende Mai–Anfang Sept. tgl. 8–18 Uhr, sonst bis 17 Uhr). In den 110 Räumen lebten im 12.–14. Jh. jeweils über 200 Sinagua-Indianer. Das kleine *Museum* des Visitor Center zeigt einige sehenswerte Fundstücke aus jener Epoche. Von hier führt der 500 m kurze *Ruins Loop* um die Ruinen herum.

40 km südöstlich von Jerome befindet sich nahe der I-17 (Ausfahrt 289) das **Montezuma Castle National Monument** (Tel. 928/567-3322, www.nps.gov/moca, Ende Mai–Anfang Sept. tgl. 8–18 Uhr, sonst bis 17 Uhr). Die Puebloruine schmiegt sich 30 m oberhalb des Beaver Creek in eine Felshöhle, ihre 20 Räume sind nur über Außenleitern zugänglich. Die Sinagua-Indianer bewohnten die Anlage bis Ende des 14. Jh. Weiße Siedler glaubten, die Klippenwohnung sei ein Bauwerk der Azteken für deren legendären Herrscher Montezuma, daher der irreführende Name. Die Ruine ist für Besucher gesperrt, Ausstellungen zu ihrer Geschichte bietet das *Visitor Center*.

Etwas weiter nördlich gelangt man von der I-17 über die Ausfahrt 293 zur **Montezuma Well**. Hier speist eine 25 °C warme Quelle einen von Felsklippen und üppiger Ufervegetation umrahmten, runden See. Mit seinem Wasser haben schon die Hohokam und später die Sinagua ihre umliegenden Felder bewässert.

Praktische Hinweise

Hotel

***Connor Hotel**, 164 Main St., Jerome, Tel. 928/634-50 06, Tel. 800/523-35 54, Fax 928/649-09 81, www.connorhotel.com. Das 1898 erbaute Hotel verfügt über zehn gut ausgestattete, viktorianisch eingerichtete Zimmer. Im Haus befindet sich die populäre Bar ›Spirit Room‹.

24 Prescott

Kleinstadtcharme im Herzen Arizonas.

Inmitten von Wäldern am Übergang vom Colorado Plateau zu den Wüsten des Südens liegt Prescott (42 000 Einw.). Eine gepflegte **Altstadt** mit viktorianischen Wohnhäusern, hübschen Kunstgalerien, Antiquitätengeschäften, Restaurants und dem stattlichen Gerichtsgebäude erstreckt sich um die baumbestandene **Courthouse Plaza**. Die Kneipen an der einst so wilden, sinnfällig **Whiskey Row** genannten South Montezuma Street gegenüber dem Gericht waren im 19. Jh. beliebter Treffpunkt der Cowboys. Heute sind sie Ziel von Touristen.

An der Courthouse Plaza findet vor dem klassizistischen Gerichtsgebäude der Flohmarkt von Prescott statt

Prescott wurde 1863 **Haupstadt** des neu gegründeten Arizona Territory, da

Alterndes Zukunftsprojekt – seit 1970 baut Paolo Soleri an der Öko-Stadt Arcosanti in der Nähe von Prescott. Zur Vollendung fehlen die nötigen Finanzen

dem damals amtierenden Präsidenten Abraham Lincoln das größere Tucson während des Sezessionskrieges zu südstaatenfreundlich erschien. Nach Kriegsende wurde der Regierungssitz 1867–77 vorläufig nach Tucson und 1889 endgültig nach Phoenix verlegt.

Das **Sharlot Hall Museum** (415 W. Gurley St., Tel. 928/445-3122, www.sharlot.org, Mo–Sa 10–17, So 12–16 Uhr) umfasst zehn Gebäude westlich der Courthouse Plaza. Zu ihnen gehören die **Governor's Mansion**, das schlichte, 1864 erbaute Holzhaus des ersten Gouverneurs von Arizona, John Goodwin, und das **Fremont House** von 1875, in dem Gouverneur John Fremont 1878–81 lebte. Der Museumskomplex stellt außerdem die Geschichte der Region vor. Indianischer Kunst und Kultur der Vergangenheit und Gegenwart widmet sich das östlich von Downtown gelegene, im Pueblostil gestaltete **Smoki Museum** (147 N. Arizona St., Tel. 928/445-1230, www.smokimuseum.org, Di–Sa 10–16, So 13–16 Uhr). Zur Sammlung gehören Fundstücke aus Tuzigoot und anderen Puebloruinen.

Ausflüge

Zu einer attraktiven Wanderung lädt **Thumb Butte** ein, der markante Granitberg 5 km westlich der Stadt (Zufahrt über Thumb Butte Rd.). Ein 2,5 km langer Rundweg steigt zu den *Aussichtspunkten* auf der Höhe empor.

Ebenfalls einen Abstecher wert sind die **Granite Dells** nördlich der Stadt, auf denen man nach Belieben herumklettern kann. Durch das Gebiet mit den fotogenen runden Granitfelsen schlängelt sich die SR 89. Sein Mittelpunkt ist der vor allem von Seglern, Surfern und Anglern frequentierte *Watson Lake* 7 km nördlich der Stadt.

Etwa 60 Menschen leben in dem städtebauliche Zukunftsprojekt **Arcosanti** (I-17, Ausfahrt 262, www.arcosanti.org) 59 km südöstlich von Prescott. Der italienische Architekt Paolo Soleri, ein Schüler Frank Lloyd Wrights, entwarf ab 1970 diese Siedlung nach ökologischen Gesichtspunkten. Autark und autofrei sollte sie sein, mit Sonnenenergie versorgt, von Feldern umgeben – Lebensraum und Arbeitsstätte für 7000 Menschen. Wegen unzureichender Finanzen schreitet das kostspielige Bauprojekt nur langsam voran. Im *Visitor Center* kann man sich zu einer einstündigen Besichtigungstour (tgl. 10–16 Uhr) anmelden.

Schöner Wohnen und Schlafen unter Felsen – mobile Heimstatt bei den Granite Dells

Praktische Hinweise

Information

Prescott Chamber of Commerce, 117 W. Goodwin St., Prescott, Tel. 928/445-2000, Tel. 800/266-7534, Fax 928/445-0068, www.visit-prescott.com

Hotel

*****Hassayampa Inn**, 122 E. Gurley St., Prescott, Tel. 928/778-9434, Tel. 800/322-1927, Fax 928/445-8590, www.hassayampainn.com. Nostalgisch-elegantes Hotel von 1927 nahe der Courthouse Plaza mit gutem Restaurant.

Restaurant

Top Tipp **Murphy's Restaurant**, 201 N. Cortez St., Prescott, Tel. 928/445-4044, www.murphysrestaurant.com. In einem restauriertem Warenhaus von 1890 kann man gegrillten Fisch und Steaks sowie eine große Auswahl an internationalen und regionalen Biersorten genießen.

Prescott Brewing Company, 130 W. Gurley St., Prescott, Tel. 928/771-2795, www.prescottbrewingcompany.com. In dem populären Brauerei-Pub in Downtown gibt es zu Lunch und Dinner hausgebraute Bierspezialitäten.

Arizonas Wüsten – Wilder Westen zwischen Kakteen und Großstädten

Baumhohe Saguaro-Kakteen, durch unzählige Westernfilme zu Symbolen des Südwestens geworden, recken ihre wohl gerundeten Arme im **Saguaro National Park** in den Himmel. Ausladende Orgelpfeifenkakteen sind die Königinnen des hitzeflimmernden **Organ Pipe Cactus National Monument** an der Grenze zu Mexiko. Am entgegengesetzten Ende von Arizona schätzen Wanderer und Naturfreunde das abgelegene Felsenland des **Chiricahua National Monument** als Erholungsgebiet. An Arizonas raue Wildwestzeiten erinnert die Westernstadt **Tombstone**, während die alte Kupferminenstadt **Bisbee** viktorianisches Flair versprüht. Gleich klimatisierten Inseln breiten sich die Metropolen **Phoenix** und **Tucson** im Land der Kakteen aus. Und mitten in der Wüste präsentiert sich **Lake Havasu City** am gleichnamigen Stausee als Touristenoase mit britischem Touch.

25 Lake Havasu City

Eine weit gereiste Brücke verleiht der modernen Stadt historisches Profil.

Um die halbe Welt wurde die **London Bridge** transportiert und avancierte in Lake Havasu City zum ehrwürdigen Wahrzeichen. Die junge Touristenstadt selbst liegt am gleichnamigen See, zu dem der 1938 erbaute Parker Dam den Colorado River gestaut hatte.

1964 kaufte der Industrielle *Robert P. McCulloch Sr.* knapp 70 km² Land am See, wo er bereits Bootsmotoren testen ließ. Hier plante er einen attraktiven **Urlaubsort**, der aber erst berühmt wurde, als McCulloch 1968 die 1831 erbaute, dem modernen Verkehrsaufkommen jedoch nicht mehr gewachsene London Bridge von der Themse wegkaufte. Sie wurde, in Tausende von Granitblöcken zerlegt, nach Arizona transportiert und über einem eigens angelegten Seitenkanal des **Lake Havasu** wieder aufgebaut. Dadurch, dass man für den Kanal einen Ufervorsprung des Sees abtrennte, entstand die Insel **Pittsburgh Point** mitsamt Campingplätzen, Hotels und Jachthafen.

◁ *Seine Majestät – erst im Alter von 75 Jahren wachsen dem Saguaro-Kaktus, Wahrzeichen des Wilden Westens, die ersten Arme*

Die hier 1971 eingeweihte fünfbogige Brücke ist das Herzstück des im Tudorstil gestalteten **English Village** mit britischer Telefonzelle und rotem Doppeldeckerbus, mit Boutiquen, Kunstgalerien und Hotels. Von den Cafés und Restaurants auf der sonnigen *Promenade* beobachten Urlauber das bunte Treiben, die Ausflugsboote auf dem Kanal und den regen Verkehr über die London Bridge. Lake Havasu City hat sich auch als **Wassersportparadies** etabliert. Hier kann man u. a. Kanus, Haus-, Ponton- und Segelboote mieten sowie beim Jetski und Wasserski seine Geschicklichkeit üben.

Ab dem Parker Dam, 30 km südlich von Lake Havasu City, durchquert die SR 95 den reizvollen *Parker Strip*. Im Sommer übersteigen die Temperaturen hier im Tal des Colorado häufig 40 °C. Ein kühles Bad und sogar einen Strand findet man im **Buckskin Mountain State Park** (www.azstateparks.com) 7 km südlich des Damms.

Allerdings hat der durch zahlreiche Dämme aufgestaute **Colorado River** hier an der Grenze zu Kalifornien längst seine ursprüngliche Herrlichkeit verloren. Der Fluss wurde rigide gezähmt und ihm werden riesige Wassermengen abgezweigt und teils bis nach Los Angeles geleitet. Kein Wunder also, dass er heute oft nur noch als Rinnsal in den mexikanischen Golf von Kalifornien mündet.

Praktische Hinweise

Information

Lake Havasu City Tourism Bureau, 314 London Bridge Rd., Lake Havasu City, Tel. 928/453-3444, Fax 928/453-3344, www.golakehavasu.com

Hotel

***London Bridge Resort, 1477 Queens Bay, Lake Havasu City, Tel. 928/855-0888, 866/331-9231, Fax 928/855-5404, www.londonbridgeresort.com. Plüschiges Komforthotel in der Nachbarschaft der Brücke und des English Village.

26 Phoenix

Pläne Seite 79, 80

Die größte Metropole des Südwestens bietet viel Kultur und Sport.

Phoenix (1,6 Mio. Einw., 4,2 Mio. im Großraum), die Hauptstadt Arizonas, breitet sich im südlichen Zentrum des Staates aus. Das **Valley of the Sun**, wie die Bewohner das am Rande der Sonora Desert gelegene Phoenix mit seinen ausufernden Vororten nennen, ist eine der am schnellsten wachsenden Großstadtregionen der USA und derzeit deren fünftgrößte Stadt. Das Klima hat zum Bevölkerungsboom des 20. Jh. erheblich beigetragen. Es ist während der trockenen Wintermonate nämlich angenehm warm, was viele **Snow Birds**, sonnenhungrige Langzeitgäste aus dem Norden, anzieht. Die vorzügliche touristische Infrastruktur umfasst eine große Anzahl Hotels, Restaurants und Golfplätze.

Ab dem 4. Jh. siedelten **Hohokam-Indianer** im Tal von Salt River und Gila River, betrieben Ackerbau und legten ein ausgedehntes Netz von *Bewässerungsgräben* an. Anfang des 15. Jh. verließen die Hohokam die Region aus unbekannten Gründen. Wie der *mythische Vogel* aus der Asche stieg das nach ihm benannte Phoenix Jahrhunderte später an der Stelle einer früheren Siedlung aus dem Wüstensand empor. 1867 wurden einige der alten Kanäle freigeschaufelt und zur Bewässerung des Farmlandes hergerichtet. Phoenix entwickelte sich schnell zum **Versorgungszentrum** der umliegenden Gold-, Silber- und Kupferminen, es zogen vor allem Prospektoren, Cowboys und Soldaten in seine zahlreichen Saloons und Kasinos. Bereits 1889 wurde es **Hauptstadt** des Arizona Territory, aus dem schließlich 1912 der gleichnamige Bundesstaat hervorging.

Just very british – Lake Havasu City ist stolz auf das English Village mit Blick auf die berühmte London Bridge und seinen hohen Freizeitwert

Phoenix Convention Center West brilliert mit schnittigem Architekturgeschachtel

Das Jahr 1911 markierte einen Meilenstein in der Stadtgeschichte, als Ex-Präsident Theodore Roosevelt den **Roosevelt Dam** einweihte, der den Salt River aufstaute. Künstliche Bewässerung konnte nun in größerem Umfang als bisher für die Landwirtschaft genutzt werden. Außerdem ermöglichten es erst diese reichen **Trinkwasservorräte**, dass Phoenix sich mitten in der Wüste zur *größten Metropole* des Südwestens entwickeln konnte. Drei weitere Faktoren spielten eine Rolle beim Wachstum: 1926 verband die **Southern Pacific Railroad** Phoenix mit dem Osten der USA und vereinfachte so die Anreise, die Erfindung der **Klimaanlage** (um 1911) machte die Sommerhitze von über 40 °C erträglicher und das Aquäduktsystem des **Central Arizona Project** versorgt Phoenix seit 1991 mit zusätzlichen Wasservorräten.

Bei soviel Wachstum verändert sich die Stadt pausenlos. Heute gibt es z. B. in der Downtown von Phoenix neben Kultur- und Einkaufszentren das **US Airways Center** ❶ (www.usairwayscenter.com), Sportstadion und Multifunktionshalle in einem, sowie das Baseballstadion **Chase Field** ❷ (www.azchasefield.com). Nördlich der Stadien schließt sich der riesige dreiteilige Komplex des **Phoenix Convention Center** ❸ (www.ci.phoenix.az.us) an. Nahebei bieten die Theater-, Konzert- und Opernkomplexe **Phoenix Symphony Hall** ❹ und **Herberger Theater Center** ❺ ein vielseitiges Kulturprogramm. Wie ein Fingerzeig aus der Vergangenheit erheben sich die Türme der **St. Mary's Basilica** ❻ (3rd St./Monroe St., Tel. 602/354-2100, www.saintmarysbasilica.org), der ältesten katholischen Kirche von Phoenix (1881), inmitten von Bürohochhäusern und Wolkenkratzern. Geschäfte und Restaurants beherbergt das

Die St. Mary's Basilica greift Elemente des hispanischen Mission Style auf

Arizona Center 7 (Van Buren St./3rd St.–5th St., www.arizonacenter.com), ein mit viel Grün und Glas gestaltetes, klimatisiertes Einkaufs-, Restaurant- und Entertainmentzentrum.

Einen Straßenblock weiter südlich liegt der *Heritage and Science Park*. Hier befinden sich der **Historic Heritage Square** 8, an dem zehn Gebäude aus der Gründerzeit der Stadt stehen, sowie zwei moderne Museen: Im **Phoenix Museum of History** 9 (105 N. 5th St., Tel. 602/253-2734, www.pmoh.org, Di–Sa 10–17 Uhr), dem Geschichtsmuseum, wird die Rolle von Phoenix bei der Erschließung des Wilden Westens wieder gegenwärtig. Die interaktiven Installationen veranschaulichen u. a., wie man einen Planwagen mit genügend Ausrüstung für den Trip nach Westen bepackt oder ein Telegramm sendet.

Besonders interessant ist das **Arizona Science Center** 10 (600 E. Washington St., Tel. 602/716-2000, www.azscience.org, tgl. 10–17 Uhr). In den vier Ausstellungsbereichen des interaktiven Wissenschaftsmuseums können Besucher mit vielerlei Maschinen sowie zu Licht, Wetter und anderen naturwissenschaftlichen Phänomenen experimentieren. Das Planetarium bietet erlebnisreiche Sternenshows.

Nördlich der Innenstadt zeigt das **Phoenix Art Museum** 11 (1625 N. Central Ave., www.phxart.org, Di 10–21, Mi–So 10–17 Uhr) Kunst aller Epochen. Neben Werken aus Europa und Asien ist in der *American Collection* einheimische Malerei des 20. Jh. u. a. von Georgia O'Keeffe zu sehen. Aus der hispanischen Ära der Region sind Porträts, religiöse Gemälde, Mobiliar, Glas- und Silberarbeiten versammelt. Bei *Cowboy Artists of America*

Hart und entbehrungsreich war das Leben der ersten weißen Siedler, die im 19. Jh. auch die Gegend um Phoenix erschlossen. Ihrer Geschichte erzählt das Phoenix Museum of History

Sale & Exhibition (Tel. 602/307-20 60, www.mensartscouncil.com, Mitte Okt.–Mitte Nov.) werden Bilder und Skulpturen von Westernkünstlern ausgestellt. Am ersten Tag findet zudem eine Versteigerung von Kunstwerken statt.

TOP TIPP Noch etwas weiter nördlich trifft man auf das **Heard Museum** 12 (2301 N. Central Ave., Tel. 602/252-88 48, www.heard.org, tgl. 9.30–17 Uhr), Phoenix' wohl hochrangigstes Museum, das in einem aparten Gebäude im spanischen Kolonialstil beheimatet ist und zwei Dependance im Norden und Westen der Stadt besitzt. Die Sammlung zeigt historische und zeitgenössische Kunst- und Gebrauchsgegenstände der Indianer des Südwestens.

Auch diese Kreationen erzählen noch von Cowboys und Indianern – die hervorragende Sammlung des Heard Museum stellt auch interessante Werke zeitgenössischer Künstler aus

Östlich der Innenstadt liegt im **Papago Park**, einem großen hügeligen Stadtpark, der ausgezeichnete **Desert Botanical Garden** ⑬ (1201 N. Galvin Pkwy., Tel. 480/941-1225, www.dbg.org, Mai–Sept. tgl. 7–20, sonst ab 8 Uhr). Zehntausende von *Wüstenpflanzen* aus aller Welt kann man hier bewundern. Besonders prachtvoll ist der Anblick während der *Blütezeit* Ende März bis Ende Mai. Rund 1300 Tiere aus Arizona sowie aus tropischen Regenwäldern und dem Rest der Welt beherbergt der benachbarte **Phoenix Zoo** ⑭ (455 N. Galvin Pkwy., www.phoenixzoo.org, Juni–Sept. Mo–Fr 7–14, Sa/So 7–16, sonst tgl. 9–17 Uhr). Im **Hall of Flame Fire Museum** ⑮ (6101 E. Van Buren St., Tel. 602/275-3473, www.hallofflame.org, Mo–Sa 9–17, So 12–16 Uhr) südlich des Zoos dokumentiert eine Fülle von Gerätschaften, Löschfahrzeugen und Uniformen die lebensrettende Arbeit der Feuerwehr seit dem frühen 18. Jh.

Unter den zahlreichen *Vororten* von Phoenix sind zwei besonders hervorzuheben. Das östlich von Downtown gelegene **Scottsdale** ⑯ präsentiert sich als Nobelviertel mit Westernflair und exklusiven Einkaufszentren. Nordwestlich von Phoenix liegt **Sun City** ⑰, eine auf dem Reissbrett geplante Seniorenstadt für mehrere Zehntausend Bewohner.

Ausflug

Durch die wildromantischen Canyons des Salt River nordöstlich von Phoenix führt der 74 km lange **Apache Trail** (SR 88), der zwischen Apache Junction und Roosevelt einem alten Apachenweg folgt. Die 1905 als Nachschubroute zur Baustelle am Roosevelt Dam ausgebaute und später als Touristenstraße etablierte Strecke führt am *Apache Lake* und anderen Stauseen des Salt River vorbei. Rund 6 km nordöstlich von **Apache Junction** (4650 N. Mammoth Mine Rd., tgl. 10–17 Uhr) lockt die pittoreske Geisterstadt *Goldfield* (Tel. 480/983-0333, www.goldfieldghosttown.com). Zu den Attraktionen gehört eine alte Goldmine, die im Rahmen einer Führung besichtigt werden kann.

Zu den attraktivsten Streckenabschnitten des Apache Trail zählen die recht rauen, geschotterten 35 km zwischen den Saloons von *Tortilla Flat* und *Roosevelt*. Spektakulär schraubt sich der Trail in Haarnadelkurven talabwärts durch die steilen vulkanischen Felswände des *Fish Creek Hill*. Unterwegs bieten sich schöne Ausblicke in den Canyon sowie auf die mit Saguaro-Kakteen bestandenen Hänge und die Seenkette.

Der 1911 fertig gestellte und 1996 um 24 m auf beeindruckende 109 m erhöhte *Roosevelt Dam* markiert den Endpunkt

Was wächst denn da – Feigenkakteen und viele andere eindrucksvolle Wüstenpflanzen machen den Desert Botanical Garden von Phoenix zu einer Naturattraktion

Mach mal Pause in Tortilla Flat – auf den Spuren der Indianer erkunden heute auch Motorradfahrer den historischen Apache Trail

des Apache Trail. 6 km östlich liegt das **Tonto National Monument** (Tel. 928/467-22 41, www.nps.gov/tont, tgl. 8–17 Uhr). Höhlen bergen hier die Ruinen zweier Pueblos, die im 13./14. Jh. von Salado-Indianern bewohnt waren.

Praktische Hinweise

Information

Greater Phoenix Convention and Visitors Bureau, 125 N. Second St., Phoenix, Tel. 602/254-65 00, Tel. 877/225-57 49, Fax 602/253-44 15, www.visitphoenix.com

Einkaufen

Arizona Mills, 5000 Arizona Mills Circle (I-10 Ausfahrt 155 auf Baseline Rd.), Tempe, Tel. 480/491-73 00, www.arizonamills.com. 180 Geschäfte mit Direktverkauf.

Biltmore Fashion Park, 2502 Camelback Rd., Phoenix, Tel. 602/955-84 00, www.shopbiltmore.com. Edles Einkaufszentrum mit 70 Geschäften und Restaurants.

The Borgata of Scottsdale, 6166 N. Scottsdale Rd., Scottsdale, Tel. 602/953-63 11, www.borgata.com. Einkaufen in elegantem italienischen Ambiente mit mittelalterlich gestylten Türmen und grünen Innenhöfen.

Hotels

***Embassy Suites Phoenix Airport**, 1515 N. 44th St., Phoenix, Tel. 602/244-88 00, 800/447-84 83, Fax 602/244-81 14, www.embassysuites.com. Komfortables Suitenhotel nördlich des Flughafens.

Four Points by Sheraton Phoenix North, 10220 N. Metro Parkway East, Phoenix, Tel. 602/997-59 00, Tel. 800/325-35 35, Fax 602/943-61 56, www.fourpoints.com/phoenix. Das Hotel mit 284 Zimmern liegt neben der riesigen Metrocenter Mall im Norden der Stadt.

*Hostelling International Phoenix**, 1026 N. Ninth St., Phoenix, Tel. 602/254-98 03, www.hiusa.org. Arizonas einzige Jugendherberge befindet sich mitten im Stadtzentrum von Phoenix.

Restaurants

Hooters, 455 N. Third St., Phoenix, Tel. 602/495-12 34, www.hooters.com. Flotte Kellnerinnen, krosse Chicken Wings und Sport im TV beim legeren Lunch im Arizona Center.

Stockyards Restaurant, 5009 E. Washington St., Phoenix, Tel. 602/273-73 78, www.stockyardrestaurant.com. Steaks, Rippchen und Hamburger in einem Saloon im Stil des späten 19. Jh.

27 Organ Pipe Cactus National Monument

Im Reich der Orgelpfeifenkakteen.

Durch einsame Landstriche führt die SR 85 von Gila Bend an der I-8 südwärts bis zur 130 km entfernten mexikanischen Grenze. Dort liegt das Organ Pipe Cactus National Monument. Es ist Teil der riesigen **Sonora Desert** und eines der wenigen Gebiete in den USA, wo die mächtigen Orgelpfeifenkakteen wachsen.

Charakterisiert wird diese sehenswerte Region durch eine an die extreme klimatische Situation angepasste Flora und Fauna. Die vielarmigen **Orgelpfeifenkakteen** gedeihen im intensiven Sonnenlicht der in über 40 °C schmorenden, südlichen Hänge. Sie kommen mit dem wenigen Regen aus, den kurze, aber heftige Gewitter mit sich bringen. Weitere markante Bewohner dieser Wüstenszenerie sind die **Saguaros**, beeindruckende baumhohe Riesensäulenkakteen, die in großer Fülle im Saguaro National Park [Nr. 28] bei Tucson wachsen. Daneben gedeihen die mit dichten silbernen Stacheln besetzten Büschel der **Bigelow-Opuntien** und die Ocotillo-Sträucher mit ihren sperrigen Ruten, die nach jedem Regenguss rote Blüten und grüne Blätter sprießen lassen. Dazwischen findet man gelb- und rotblühende **Feigenkakteen** und eine Vielfalt anderer Wüstenpflanzen. Nach ausreichenden Niederschlägen im Winter steht die Wüste von März bis Mai in voller Blüte [s. S. 86].

Die beiden nicht asphaltierten, recht rauen *Panoramastraßen*, die sich zwar mit dem Auto, aber kaum mit einem größeren Wohnmobil bewältigen lassen, zweigen vom *Visitor Center* ab. Der 34 km lange **Ajo Mountain Drive** verläuft am Fuße der Ajo Mountains östlich der SR 85. Die schöne, kurvenreiche Route entlang der Berghänge führt vorbei an besonders reichen Beständen von Orgelpfeifenkakteen. Der 85 km lange **Puerto Blanco Drive** zieht westlich der SR 85 einen Bogen um die gleichnamigen Berge. An der Oase Quitobaquito Springs gibt es einen kleinen Teich, der zahlreiche Vögel anzieht. Zur natürlichen Quelle führt ein kurzer Wanderpfad. Am *Campingplatz* unweit des Visitor Center beginnt der 2 km lange **Desert View Nature Trail**. Besonders zum Sonnenuntergang verheißt die Rundwanderung stimmungsvolle Fotomotive von Kakteen vor dem Wüstenpanorama.

TOP TIPP

Aus ihnen ertönt keine Kirchenmusik – die Orgelpfeifenkakteen gaben dem Naturschutzgebiet in der Sonora Desert den Namen, doch auch Saguaros wachsen hier

Mit dem Schulbus durch den Wilden Westen – in dichten Gruppen halten die majestätischen Saguaros, oder Riesensäulenkakteen, Wache am Straßenrand

Praktische Hinweise

Information

Organ Pipe Cactus National Monument, Tel. 520/387-68 49, Fax 520/387-71 44, www.nps.gov/orpi

28 Saguaro National Park

Besuch bei den stacheligen Würdenträgern der Sonora Desert.

Der Saguaro National Park besteht aus zwei Arealen, die die Stadt Tucson [Nr. 29] im Osten und Westen flankieren. Jeder Bereich besitzt eine kurvenreiche *Panoramastraße*, die zu Aussichtspunkten, Wanderwegen und Picknickplätzen führt. Der Nationalpark schützt eine einzigartige Region, in der die z. T. mehrarmig verzweigten, baumartigen **Saguaros** wachsen, die **größten Kakteen** der USA, die man auch die ›Monarchen der Wüste‹ nennt. Prall und grün ragen die unverzweigten, jüngeren Saguaros empor, doch besonders fotogen, oft auch mit vielen witzig verrenkten Armen, präsentieren sich die älteren Exemplare. Die Indianer aßen die Früchte und fanden auch Verwendung für die **hölzernen Rippen**, die das ›Skelett‹ des Kaktus bilden. Bodenspekulanten und Investoren hingegen, die auf dem Land Häuser, Straßen und Geschäfte planten, erachteten die riesigen Kakteen als wertlos. Ihren Ruhm begründeten sie jedoch als populäre ›Statisten‹ in zahlreichen Westernfilmen. Seitdem sind die Saguaros Symbolfiguren und Markenzeichen des Südwestens.

Die schönste Zufahrt in den **Rincon Mountain District** (auch Saguaro East), den größeren Teil des Nationalparks, erfolgt über den Old Spanish Trail (I-10, Ausfahrt 279). Am *Visitor Center* beginnt der 13 km lange **Cactus Forest Drive**, der sich mitten durch die Kakteenwälder an den Hängen der Rincon Mountains windet und weite Ausblicke über das Tucson Valley bietet. Der **Freeman Homestead Trail**, eine schöne, einfache Rundwanderung (1,5 km), führt von der Javelina Picnic Area abseits der Panoramastraße hautnah zwischen hohen Saguaro-Kakteen hindurch.

TOP TIPP

Die dichtesten Saguaro-Bestände finden sich an den Hängen der Tucson Mountains im Westteil des Nationalparks, genannt **Tucson Mountain District** oder Saguaro West. Die Zufahrt erfolgt über den Speedway Boulevard (I-10, Ausfahrt 257) und den Gates Pass. Eine Alternativroute für größere Wohnmobile führt

Im Frühjahr stehen auch die Saguaros in voller Blüte, ihren Schmuck tragen sie dann wie hübsche Sonnenhüte auf dem Haupt

Raue Schale, stolze Erscheinung

Zahlreiche Kakteenarten sind in den nordamerikanischen Wüsten beheimatet, darunter Riesen(säulen)kaktus und Orgelpfeifenkaktus aus der Gattung der **Säulenkakteen**, sowie Bigelow-Opuntie und Feigenkaktus aus der Gattung der **Opuntien**.

Der flach wurzelnde Riesensäulenkaktus oder **Saguaro** (Cereus giganteus oder Carnegiea gigantea) gedeiht nur am nordöstlichsten Rand der Sonora Desert von Arizona. Er bevorzugt südseitige Hanglagen, weil er dort das ablaufende Regenwasser besser speichern kann und zugleich immer genügend Sonne erhält.

Der Stamm wird bis zu 60 cm dick und besteht aus 12–14 hölzernen Rippen, die das Feuchtigkeit speichernde Gewebe zusammenhalten. Ohne dieses **Skelett** könnte der Saguaro nicht aufrecht stehen, sein eigenes Gewicht würde ihn zerdrücken. Die Tohono-O'Odham-Indianer verwandten diese Rippen noch im 19. Jh. zum Bau ihrer Häuser und Zäune.

Mit etwa 30 Jahren fangen die Saguaros an zu blühen und Früchte zu tragen. Im Frühsommer ist der Kaktus mit Hunderten von cremefarbenen **Blüten** übersät, deren Schönheit jeweils nur eine Nacht überdauert. Im Juni und Juli werden die feigenähnlichen Früchte reif, die man zu Gelees, Sirup und Wein verarbeiten kann. Im Alter von etwa 75 Jahren produziert der jetzt 4–5 m hohe Saguaro seinen ersten **Arm**. Bis zu 200 Jahre alt und ungefähr 13 m hoch wird der Kaktus. Jedes Jahr gedeihen in seinen Früchten Zehntausende von stecknadelkopfgroßen **Samen**.

Der buschartige Orgelpfeifenkaktus oder **Organ Pipe Cactus** (Cereus thurberi) kommt hauptsächlich im Gebiet des Organ Pipe Cactus National Monument an der Grenze Arizona/Mexiko vor. Bereits in Bodenhöhe sprießen zahlreiche Arme aus dem Hauptstamm. Sie werden bis zu 6 m hoch und erreichen bis zu 20 cm Umfang.

Die **Bigelow-Opuntie** (Cylindropuntia bigelovii oder Opuntia bigelovii), die bis zu 2 m Höhe erreicht, gedeiht im südwestlichen Arizona und südöstlichen Kalifornien. Sie ist über und über von einer dichten Schicht feinster silberfarbener Stacheln bedeckt, die bei der leisesten Berührung abbrechen und in der Haut stecken bleiben.

Über 30 verschiedene Arten des Feigenkaktus oder **Prickly Pear Cactus** (Opuntia phaecantha) gedeihen im Südwesten. Seine abgeflachten, blattähnlichen Segmente sind mit kleinen Stacheln und im Sommer mit feigengroßen, essbaren Früchten besetzt. Die jungen Blätter speichern besonders viel Wasser und können, wenn die Stacheln gründlich abgeschabt werden, frisch als Salat genossen oder gebraten werden (Tipp für die Campingküche!). Aus den Früchten des Feigenkaktus lassen sich Gelee, Saft, ja sogar Wein und Essig herstellen. Derlei Produkte gibt es in Souvenirgeschäften und manchen Supermärkten zu kaufen.

südlich von Tuscon über SR 86 und Kinney Road. Durch den herrlichen Kakteenwald führt der 10 km lange, nicht asphaltierte **Bajada Loop Drive**, der seinen Anfang am *Visitor Center* nimmt. Sehr schön ist auch die kurze Rundwanderung auf dem **Desert Discovery Nature Trail** am Fuße der Berghänge. Rund 1 km lang ist der **Valley View Overlook Trail** mit seinen fantastischen, weiten Ausblicken über das Tal von Tucson und die umliegenden Berge. Etwa 300–1300 lebten hier Hohokam-Indianer. Von ihnen stammen die Felszeichnungen, die man am *Signal Hill* besichtigen kann; der kurze Weg dorthin beginnt am Picknickplatz.

Bunte Kappe – das Pima County Courthouse setzt im El Presidio Historic District von Tucson architektonische Akzente

i Praktische Hinweise

Information

Saguaro National Park, Saguaro West, Tel. 520/733-5158, Saguaro East, Tel. 520/733-5153, Fax 520/733-5183, www.nps.gov/sagu

29 Tucson

Plan Seite 88

Sehr viel Sonne und Saguaros.

Die Stadt Tucson (519 000 Einw., 946 000 im Großraum) breitet sich in einem von den Rincon und den Tucson Mountains geschützten, weiten Tal nahe der mexikanischen Grenze aus. Im Sommer ist die Region trockenheiß, im Winter genießt sie die meisten Sonnenscheinstunden in den USA – bei warmen Tagestemperaturen. Auffallend sind die wenigen Hochhäuser in dem von **Adobegebäuden** [s. S. 120] im Pueblostil geprägten Stadtbild. Unmittelbar bei Tuscon liegt der Saguaro National Park [Nr. 28], der zu den Topattraktionen zählt. Die Stadt ist Wirtschafts- und Kulturzentrum des südli-

Zum Bühnenbild der vielgestaltigen Skyline Tucsons gehören die Tuscon Mountains mit Blick auf das benachbarte Mexiko

Schöner als jedes T-Shirt – das Arizona State Museum in Tucson präsentiert dieses luftige Baumwollhemd der Anasazi-Indianer

chen Arizona. Zu den größten Arbeitgebern gehören die nordöstlich der Innenstadt gelegene University of Arizona sowie die Davis-Monthan Air Force Base im Südosten. Aufgrund des trockenen Klimas haben sich zahlreiche Computer- und andere **Hightech-Firmen** in der Region niedergelassen. Tucson besitzt eine Oper, ein Sinfonieorchester sowie ein Theater.

Im 1. Jh., als der *Santa Cruz River* noch genügend Wasser führte, bewirtschafteten Hohokam-Indianer das Land. Nach dem Niedergang der Hohokam-Hochkultur Anfang des 15. Jh. lebten ihre Nachfahren, Pima und Tohono O'Odham-Indianer, in dieser Region.

Tucsons **Stadtgründung** erfolgte 1775 mit der Errichtung des spanischen Adobeforts *Presidio de San Agustin del Tucson*, das Einwohnern und Reisenden Schutz bot vor den Angriffen der Apachen. Mit der Unabhängigkeit Mexikos ging die Stadt 1821 aus spanischer in mexikanische Hand über. Im Rahmen des **Gadsden Purchase** schließlich kauften die USA 1854 den Süden Arizonas inklusive Tucson. Der Anschluss an die Eisenbahnlinie erfolgte 1880, 1885 wurde die University of Arizona gegründet.

Im *Zweiten Weltkrieg* traten die große Luftwaffenbasis und die Rüstungsindustrie wirtschaftlich in den Vordergrund. Klimaanlagen machten das Leben und Arbeiten in Tucsons Wüstenklima bald erträglicher. Mit dem Einsetzen wirtschaftlichen Erfolges begann die Stadt enorm zu wachsen. Es entstanden zahlreiche Hotels, Golfplätze und viele andere touristische Einrichtungen. Eine verbesserte Wasserversorgung ermöglichte der im Jahr 1991 eröffnete Kanal des Central Arizona Project vom Colorado River nach Tucson.

Im Herzen der Downtown lädt der **El Presidio Historic District** 1 zwischen Granada und Church Avenue bzw. 6th und Alameda Street zum Spaziergang

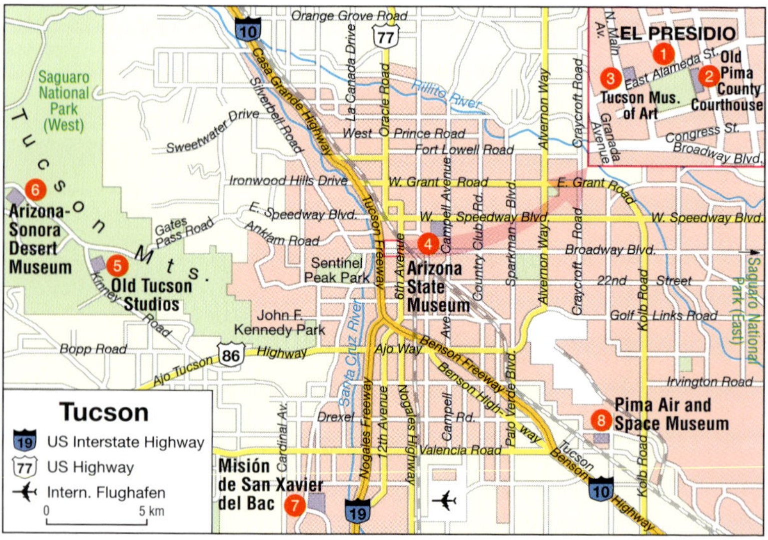

ein. Seine restaurierten Gebäude aus der zweiten Hälfte des 19. Jh. sind eine Reminiszenz an die indianisch-hispanisch-angloamerikanische Vergangenheit. Hier residieren heute Cafés, Kunstgalerien, Antiquitäten- und Kunsthandwerksgeschäfte. Im südöstlichen Eck des Viertels ragt vor der gläsernen Fassade eines Hochhauses die schöne Mosaikkuppel des **Old Pima County Courthouse** 2 (115 N. Church Ave., Mo–Fr 9–17 Uhr) auf. Mit seinen Säulen und Bögen und dem brunnenbesetzten Innenhof bietet das alte Gerichtsgebäude eine ausgesprochen gelungene Mischung spanischer und mexikanischer Stilelemente.

Das **Tucson Museum of Art** 3 (140 N. Main Ave., Tel. 520/624-2333, www.tucsonarts.com, Di–Sa 10–16 Uhr, So 12–16 Uhr) stellt insbesondere präkolumbische Kunstwerke, regionale hispanische Malerei und lateinamerikanische Volkskunst aus. In der Nachbarschaft des Museums befinden sich einige der ältesten Gebäude Tucsons, z. B. das *Leonardo Romero House* aus den 1860er-Jahren, das *Hiram S. Stevens House* von 1856, *La Casa Cordova* aus dem Jahr 1879 sowie das 1868 erbaute *Edward Nye Fish House* mit dem John K. Goodman Pavilion of Western Art.

Als zweites attraktives Downtown-Museum verdient das auf dem Campus der **University of Arizona** ansässige **Arizona State Museum** 4 (1013 E. University Blvd., Tel. 520/621-6302, www.statemuseum.arizona.edu, Mo–Sa 10–17, So 12–17 Uhr) einen Besuch. Mit Decken der Navajo, Töpfereien der Hohokam, Textilien der Anasazi und weiteren Exponaten beleuchtet die Sammlung die indianische Kulturgeschichte des Staates. Auch zeitgenössische Exponate der Tohono O'Odham, Navajo und Apachen Arizonas gilt es zu bewundern.

Fütterung der Raubtiere – der Puma scheint sich im Arizona-Sonora Desert Museum recht wohl zu fühlen

Spanische Eleganz und ein bisschen Zuckerguss – im 18. Jh. entstand die prächtige Fassade der Missionskirche San Xavier del Bac

Der beste Weg in die *Tucson Mountains* westlich des Zentrums führt über Speedway Boulevard und Gates Pass, den größere Wohnmobile allerdings meiden sollten (Alternativroute über SR 86 südlich von Tuscon). Von den Aussichtspunkten auf der Passstraße genießt man das **Panorama** der Stadt und der kakteenreichen Berghänge.

In dem rund 15 km entfernten **Tucson Mountain Park** – er grenzt an den Saguaro National Park – erwarten den Besucher zwei besondere Sehenswürdigkeiten. Die **Old Tucson Studios** 5 (201 S. Kinney Rd., www.oldtucson.com, tgl. 10–16 Uhr) entstanden als Kulisse für den Film ›Arizona‹ (1939). Westernserien wie ›High Chaparral‹ und ›Bonanza‹ wurden hier ebenso gefilmt wie Werbespots. Zum *Programm* dieses Westernfilmstädtchen gehören kühne Stuntshows, Pistolenduelle, tanzende Westerngirls sowie Postkutschen- und Dampflokzugfahrten.

Kakteen und andere, der Trockenheit ebenfalls hervorragend angepasste Sukkulenten, dazu Klapperschlangen, Gilamonster und Vogelspinnen – einige so-

Andachtsbilder für die Gläubigen – die Altarwand von San Xavier ist Prunkstück der barocken Kirchenausstattung

TOP TIPP gar zum Anfassen! – gibt es im **Arizona-Sonora Desert Museum** 6 (2021 N. Kinney Rd., Tel. 520/883-2702, www.desertmuseum.org, März–Sept. tgl. 7.30–17 Uhr, sonst tgl. 8.30–17 Uhr) zu bewundern. Das Wüstenmuseum stellt Flora und Fauna in Kombination mit Botanischem Garten und Zoo vor.

20 km südwestlich vom Stadtzentrum steht in der **Tohono O'Odham Indian Reservation** (I-19 Ausfahrt 91) die auch ›Weiße Taube in der Wüste‹ genannte **Misión de San Xavier del Bac** 7 (1950 W. San Xavier Rd., Tel. 520/294-2624, www.sanxaviermission.org, tgl. 8–17 Uhr). Die 1783–97 erbaute Kirche besitzt zwei mächtige weiß getünchte *Türme* (einer davon ohne Aufsatz), dazwischen eine reich geschmückte ockerfarbene *Fassade* mit verspielten Ornamenten im Stil des spanischen Missionsbarock. Im *Inneren* sind vor allem der mit Stuck verzierte Altaraufsatz und die feinen Fresken im Bereich der Kuppel zu bewundern.

Im **Pima Air and Space Museum** 8 (6000 E. Valencia Rd., www.pimaair.org, tgl. 9–17 Uhr) direkt neben der *Davis-Monthan Air Force Base* im Süden der Stadt dokumentieren auf dem Rollfeld über 200 teils restaurierte Militärmaschinen die amerikanische Fluggeschichte. Teil des Luft- und Raumfahrtmuseums ist das **Titan Missile Museum** (50 km südlich von Tucson, I-19 Ausfahrt 69, 1580 W. Duval Mine Rd., Tel. 520/625-7736, www.titanmissilemuseum.org, tgl. 8.45–17 Uhr) bei Green Valley. Mit seinen originalen Titan II-Interkontinentalraketen und mächtigen Raketensilos erinnert es an die Zeit des Kalten Krieges.

Experiment für Überlebenskünstler – in den Gewächshäusern der Biosphere 2 dienten die verschiedenen Naturräume der Erde en miniature als Nahrungsquellen

Ausflüge

Bei **Oracle** 53 km nordöstlich von Tucson (10 km nordöstlich der Abzweigung SR 77/SR 79) stehen inmitten einer kargen Landschaft die futuristischen Glas- und Stahlpyramiden von **Biosphere 2** (Tel. 520/838-6200, www.b2science.org, tgl. 9–16 Uhr). Die luftdicht verschlossenen Gewächshäuser gehörten bis 2003 der Washingtoner Columbia University. Hier testeten 1991–93 acht Menschen die Lebensbedingungen in einem hermetisch von der Außenwelt abgeschirmten **Ökosystem**. In einstündigen Führungen kann man einen Blick auf die Häuser werfen und lernt die Quartiere der einstigen Biosphere-Bewohner kennen.

Auf dem Gipfelplateau des 2096 m hohen *Kitt Peak* 90 km südwestlich von Tucson stehen 24 Teleskope des **Kitt Peak National Observatory** (www.noao.edu, tgl. 9–15.45, Führungen 10, 11.30, 13.30 Uhr). Damit besitzt das Observatorium den größten Bestand an Teleskopen auf der Welt, außerdem zahlreiche Hightech-Geräte zur *Weltraumforschung*. Das Angebot für Besucher umfasst Ausstellungen, Führungen, Filme und nächtliche Sternenbeobachtungen (Voranmeldung 2–4 Wochen im Voraus, Tel. 520/318-8726).

Der **Kartchner Caverns State Park** (14 km südlich der I-10, Ausfahrt 302, www.azstateparks.com, tgl. 8.15–16.15 Uhr) 85 km südöstlich von Tucson bietet bei 21°C Höhlentemperatur mit 99 % Luftfeuchtigkeit einen angenehmen Kontrast zum trockenheißen Wüstenklima. Auf zwei Führungen durch die 1974 entdeckte Kalksteinhöhle passiert man im *Throne Room* u.a. die 18 m hohe Kubla Khan Säule sowie den längsten Makkaronistalaktiten der Welt (6,50 m).

i Praktische Hinweise

Information

Tucson Convention & Visitors Bureau, 100 S. Church Ave., Tucson, Tel. 520/624-1817, 800/638-8350, Fax 520/884-7804, www.visittucson.org

Einkaufen

Old Town Artisans, 201 N. Court Ave., Tucson, www.oldtownartisans.com, Tel. 520/623-6024. Im El Presidio Historic District offerieren Galerien und Geschäfte Schmuck, Navajoteppiche, Keramik und Westerngemälde. Im Restaurant La Cocina wird mexikanische Küche geboten.

Wallfahrtsort für Sterngucker und Astronomen – Kitt Peak Observatory mit seinen äußerst leistungsfähigen Teleskopen

Reiten

Cocoraque Ranch, 6255 N. Diamond Hills Lane, Tucson, Tel. 520/682-8594, www.cocoraque.com. Bewirtschaftete Ranch mit restauriertem Farmhaus aus den 1890er-Jahren westlich der Stadt. Besuchern werden u. a. Ausritte mit den Cowboys, Treiben von Rinderherden sowie Grillfeste geboten.

Hotels

*****El Presidio Bed & Breakfast Inn**, 297 N. Main Ave., Tucson, Tel. 520/623-6151, Tel. 800/349-6151, Fax 520/623-3860. Elegante Adobevilla von 1886 im El Presidio Historic District. Das üppige Frühstück ist inklusive.

Restaurants

El Charro Café, 311 N. Court Ave., Tucson, Tel. 520/622-1922, www.elcharrocafe.com. Traditionsreiches mexikanisches Restaurant im El Presidio Historic District. Spezialitäten sind Chimichanga, Tortillas und Carne Seca.

El Corral, 2201 E. River Rd., Tucson, Tel. 520/299-6092, www.elcorraltucson.com. Steaks und Rippchen werden im rustikalen Ambiente eines Adobe-Ranchhauses aus der Wildwestära serviert. Nur Dinner.

Terra Cotta, 3500 E. Sunrise Dr., Tucson, Tel. 520/577-8100, www.dineterracotta.com. Southwestern Cuisine der Extraklasse und ausgezeichnete Weine.

30 Tombstone

TOP TIPP *Eine Schießerei machte Westerngeschichte – und die ›Grabsteinstadt‹ zur Touristenattraktion.*

Wahrscheinlich wäre das 120 km südöstlich von Tucson gelegene Westernstädtchen Tombstone (1600 Einw.) mit dem hübsch restaurierten Ortskern ohne die Schießerei am O. K. Corral, Inspiration für zahllose Western, längst in Bedeutungslosigkeit versunken. So aber profitiert Tombstone, das den etwas dubiosen Beinamen ›eine Stadt, die zu zäh ist zum Sterben‹ trägt, heute von seinem einstigen Ruf als Tummelplatz für **Revolverhelden**.

In den Bergen der Umgebung entdeckte 1877 Edward L. Schieffelin – ungeachtet der Warnungen, dass er hier mit einer Apachenkugel im Rücken enden und nichts anderes als seinen eigenen Grabstein (engl. Tombstone) finden würde – eine der größten **Silberminen** Arizonas und nannte sie passenderweise Tombstone.

Schieffelins Glück zog bald Tausende von Prospektoren in die **Boomtown**, es schossen Spielhallen, Saloons und Bordelle aus dem Boden. In der Nähe besaß die durch Rinderdiebstähle berüchtigte Familie Clanton, kurz die ›Cowboys‹ genannt, das größte Viehimperium Arizonas. Allerdings wurde der Einfluss der Clantons durch Virgil und Wyatt Earp, die Marshalls von Tombstone, allmählich beschnitten. Die daraus resultierenden Spannungen entluden sich am 26. Oktober 1881 im ›Shoot Out‹ neben dem **O. K. Corral**. Dabei standen die Brüder Morgan, Virgil und Wyatt Earp mit ihrem Freund John Henry ›Doc‹ Holliday – der trinkfeste Pokerspieler war einer der schnellsten Revolderschützen seiner Zeit – gegen drei Clantons sowie die Brüder Frank und Tom McLaury. Bei dem berühmt gewordenen Schusswechsel verloren drei der fünf chancenlosen ›Cowboys‹ ihr Leben.

Die Blütezeit von Tombstone währte nicht lange, schon bald drang Wasser in die Minen ein und setzte dem Silberboom ein Ende. Ab 1886 erlebte der Ort einen rapiden Niedergang. Ihr Überleben verdankt die Westernstadt den mit reichlich Platzpatronen, Staub und Getöse inszenierten Aufführungen des legendären Schusswechsels, die heute längst eine **Touristenattraktion** sind. Schnauzbärtige Cowboys animieren zum Besuch eines der nachgestellten *Gunfights*. Dabei verballern die *Boothill Gunslingers* (www.ok-corral.com, tgl. 14, 16 Uhr) im O. K. Corral und die *Helldorado Town Mavericks* (www.helldoradotown.com, tgl. 11.30, 13 und 15 Uhr) im Helldorado Town

Rauchende Colts – in den Straßen von Tombstone liefern sich elegante Revolverhelden und derbe Cowboys zur Freude des Publikums täglich spannende Duelle

Cheers – den Staub der Straße spülen die modernen Westernhelden in Gesellschaft hübscher Damen in Big Nose Kate's Saloon mit viel Whiskey und Bier runter

Theme Park blaue Bohnen, bis den Zuschauern Hören und Sehen vergeht.

Die **Allen Street**, Tombstones denkmalgeschützte, staubige Hauptstraße mit den hölzernen Bürgersteigen und den Fassaden im Westernlook, reflektiert die Boomzeiten der 1880er-Jahre. Heute treten hier Touristen durch Schwingtüren in dunkle, urige Saloons wie den **Crystal Palace Saloon** (Ecke 5th/Allen St., www.crystalpalacesaloon.com) von 1879 und durchforschen die Souvenirgeschäfte nach Westernkleidung à la Wyatt Earp.

Das **Bird Cage Theatre** (6th St./Allen St., tgl. 8–18 Uhr) war 1881 Tombstones führendes Unterhaltungsetablissement, komplett mit Spielsalon und Bordell. Heute kann man die originalgetreu restaurierten Räumlichkeiten besichtigen, samt den Einschusslöchern von Schießereien und den namengebenden *Vogelkäfigen*, in denen sich leichte Mädchen zur Schau stellten.

Einst diente das 1882 erbaute Gebäude des **Tombstone Courthouse** (219 Toughnut St., www.azstateparks.com, tgl. 9–17 Uhr), nach dem der umliegende **State Historic Park** benannt wurde, als Gericht. Heute beheimatet es ein Museum, in dem man per Film die nachgestellte Gerichtsverhandlung eines Mörders jener Zeit miterleben kann. Draußen, im von hohen Mauern umgebenen Hof, sieht man den alten Galgen.

Auf dem **Boothill Graveyard** (US Hwy 80, tgl. 7.30–18.30 Uhr) am Nordrand der Stadt ruhen zwischen Kakteen und Sträuchern die Opfer des Schusswechsels am O.K. Corral und vieler weiterer *Shoot Outs*. Die meisten Revolverhelden starben eines gewaltsamen Todes, wie die Grabinschriften verkünden. Bereits 1884 wurde der Friedhof wegen Überfüllung geschlossen.

Ein Irrtum kostete George Johnson 1882 das Leben – schauerliche Grabsteininschrift auf dem Boothill Cemetery von Tombstone

Praktische Hinweise

Information

Tombstone Visitor Center, 105 S. 4th St./ Allen St., Tombstone, Tel. 520/457-39 29, Tel. 888/457-39 29, Fax 520/457-24 58, www.tombstone.org

Hotel

*****Tombstone Boarding House**, 108 N. 4th St., Tombstone, Tel. 520/457-37 16, 877/225-13 19, Fax 520/457-30 38, www.tombstoneboardinghouse.com. Hübsche Frühstückspension in zwei Adobehäusern von 1880.

Restaurant

Big Nose Kate's Saloon, 417 E. Allen St., Tombstone, Tel. 520/457-31 07, www.bignosekate.com. Western-Saloon im 1881 erbauten einstigen Grand Hotel der Stadt. Namenspatin war Big Nose Kate, Freundin von Doc Holliday und Ende des 19. Jh. Besitzerin des ersten Freudenhauses von Tombstone.

31 Bisbee

Kupfer, Kunstgalerien und Kakteengärten.

Malerisch schmiegt sich das Städtchen Bisbee (6200 Einw.) in einen engen Canyon in den *Mule Mountains* 40 km südlich von Tombstone. Sehenswert ist vor allem die denkmalgeschützte **Altstadt** mit den steilen Straßen und bunten viktorianischen Häusern vor kargen Berghängen.

Am Fuß der roten Berge – das schmucke Bisbee war einst Stadt des Kupfers

Bereits kurz nach seiner Gründung im Jahr 1880 war Bisbee eine der größten Städte des Südwestens. Seine Bewohner erwirtschafteten ein Vermögen mit dem **Kupferabbau** und förderten darüber hinaus Gold, Silber, Blei und Zink. Als wohlhabender Ort besaß Bisbee ab 1908 sogar eine Straßenbahnlinie. Natürlich durften auch hier Saloons, Spielhallen und leichte Mädchen nicht fehlen. Traurige Berühmtheit erlangte die Stadt durch die *Bisbee Deportation* vom 12. Juli 1917. Damals hatten bewaffnete Sicherheitskräfte mit vorgehaltener Waffe mehr als 1100 streikende Minenarbeiter in Eisenbahnwaggons gepfercht und diese später in der Wüste von New Mexico ausgesetzt.

Als 1975 fast alle Kupferminen die Produktion eingestellt hatten, setzte eine Abwanderungswelle ein. Neues Leben gewann das nette Städtchen, das heute hauptsächlich vom Tourismus lebt, durch den Zuzug von Malern und Bildhauern.

Anhand von Bergbaugerät, Dokumenten und persönlichen Gegenständen der *Miners* erzählt das **Bisbee Mining and Historical Museum** (5 Copper Queen Plaza, Tel. 520/432-70 71, www.bisbeemuseum.org, tgl. 10–16 Uhr) im Herzen der Altstadt mit der Ausstellung ›Digging In‹ die Geschichte des regionalen Kupfertagebaus. Nördlich des Museums findet man in einer Seitenstraße die **Brewery Gulch**, die ›Brauereischlucht‹, die im frühen 20. Jh. mit fast 50 Saloons sowie einer Reihe von Bordellen als eines der besten Vergnügungszentren des Arizona Territory galt. Auch der Friedhof **Old City Park Cemetery** befand sich noch bis ins Jahr 1914 hier.

Die einstigen Arbeitsbedingungen unter Tage dokumentieren die **Queen Mine Tours** (Tel. 520/432-20 71, www.queenminetour.com, tgl. 9–15.30 Uhr) am südöstlichen Rand der Altstadt Old Bisbee (Abfahrt von der SR 80). Fünf Mal täglich finden hier unter der Leitung pensionierter Minenarbeiter 75-minütige Grubenfahrten statt. Einen überraschenden Anblick bietet östlich der Stadt von der SR 80 aus der bis zu 2 km breite und 300 m tiefe Schlund der **Lavender Pit Mine**. Hier wurde 1951 mit dem Tagebau begonnen, die Förderung wurde jedoch bereits 1974 wieder eingestellt.

Ausflug

Der einsame Naturpark **Coronado National Memorial** (www.nps.gov/coro) in den kargen Huachuca Mountains 42 km westlich von Bisbee ist via SR 92 zu errei-

Der Ruf des Goldes – auf der Suche nach den sagenhaften reichen Indianerstädten kam die Expedition unter General Coronado auch in das nach ihm benannte Gebiet

chen. Sein Name erinnert an die Expedition des spanischen *Generals Francisco Vásquez de Coronado* zu den legendären ›Sieben goldenen Städten von Cibola‹ [s. S. 12]. Coronado war im Mai 1540 mit 400 Soldaten und mehreren Hundert Indianern durch das östlich des Parks gelegene Tal des San Pedro River aus Mexiko in das Gebiet der heutigen USA vorgedrungen.

Eine 6 km lange, serpentinenreiche Schotterstrecke (für große Wohnmobile ungeeignet) führt vom *Visitor Center* 400 m hoch zum Aussichtspunkt am Montezuma Pass. Von hier oben genießt man ein fantastisches Panorama über die heißen Wüstenebenen Arizonas und Mexikos sowie über die Passstraße, die sich den Berghang hinauf schraubt. TOP TIPP Noch besser ist der Blick allerdings vom **Coronado Peak** (2092 m), den man nach kurzem Aufstieg vom Parkplatz am Pass erreicht.

Mit einer Taschenlampe kann man die 200 lange und 200 m breite **Coronado Cave** (tgl. 8–17 Uhr) erkunden, eine Höhle ohne Licht und ohne Geländer, deren zwei Kammern durch einen schmalen Gang miteinander verbunden sind. Der Zugang zur Höhle erfolgt vom Visitor Center aus über einen 1 km langen Weg.

i Praktische Hinweise

Information

Bisbee Chamber of Commerce, 2 Copper Queen Plaza, Bisbee, Tel. 520/432-35 54, Tel. 866/224-72 33, www.bisbeearizona.com

Hotel

*****Copper Queen Hotel**, 11 Howell Ave., Bisbee, Tel. 520/432-22 16, Fax 520/432-38 19, www.copperqueen.com.
Seit 1902 die beste Adresse am Ort, verbindet nostalgisches Ambiente mit modernem Komfort.

Restaurant

Café Roka, 35 Main St., Bisbee, Tel. 520/432-51 53, www.caferoka.com. Italienisch und kalifornisch beeinflusste Pasta-, Lamm- und Geflügelgerichte sowie Fisch und Salate. Nur Dinner (So/Mo geschl.).

32 Chiricahua National Monument

Im Land der aufrecht stehenden Felsen.

Im äußersten Südosten Arizonas erheben sich die **Chiricahua Mountains**. Sie sind von Willcox an der I-10 (Ausfahrt 340) via SR 186 und SR 181 zu erreichen. Das bewaldete Gebirge erhebt sich aus den baumlosen, mit Gras und Sträuchern be-

Von Soldaten und Indianern

Bis zur Mitte des 19. Jh. blieben die Indianer im Südwesten unbehelligt von der US-Armee. Erst nach dem Sieg über Mexiko 1846/47 bzw. dem **Gadsden Purchase** 1854, mit dem die USA das mexikanische Nuevo México erwarben, marschierten ihre Soldaten in der Region ein. Zu jener Zeit lag der Siedlungsschwerpunkt der Mexikaner im Tal des **Rio Grande**, und eben dort wiegelten sie die sesshaften **Puebloindianer** gegen die neuen Machthaber auf. Der zweiwöchige Aufstand der Indianer endete im Februar 1847 mit dem Sturm der US-Truppen auf das **Taos Pueblo** [s. S. 120]. Nicht zuletzt durch die systematische Vernichtung der Lebensgrundlagen brachen die Amerikaner in den folgenden 40 Jahren vielerorts den indianischen Widerstand.

Colonel Christopher ›Kit‹ Carson z. B. verwüstete 1863 zunächst weiträumig Siedlungen und Felder der **Navajo**, von denen sich im Folgejahr rund 8000 im **Canyon de Chelly** ergeben mussten [s. S. 63]. Sie wurden im verlustreichen **Langen Marsch** nach New Mexico in die Bosque Redondo Reservation umgesiedelt. Zwei Jahre später folgten ihnen die letzten 4000 Stammesbrüder unter dem bis dahin unversöhnlichen Häuptling **Manuelito**. Weil die Navajo auf den kargen Böden der Reservation nur noch unzureichende Ernten erwirtschaften konnten, ließ man sie jedoch im Jahr 1868 wieder in ihre Heimat zurückkehren.

Aufgrund des unwirtlichen Wüstenklimas kamen die Besiedlung im Grenzgebiet USA/Mexiko und der Aufbau von Armeeforts dort nur schleppend voran. Kriegszüge der **Apachen** wurden stillschweigend geduldet, solange dabei US-Territorium verschont blieb. Doch dieser Waffenstillstand sollte nur bis 1861 währen. Im Verlaufe einer Verhandlung am Apache Pass wurde der Chiricahua-Apachenhäuptling **Cochise** von US-Soldaten wegen des gleichwohl unberechtigten Vorwurfs von Viehdiebstahl und Kindesentführung verhaftet, konnte aber fliehen. Das anschließende Gemetzel, bei dem sowohl Weiße als auch Indianer ihre Gefangenen hinrichteten, entfachte einen blutigen **Guerillakrieg** der Apachen gegen Militär und Zivilisten. Unter Cochises Führung verschanzten sich die Chiricahua in schwer zugänglichen Bergregionen oder operierten von Mexiko aus. Cochise sollte sich erst nach elf Jahren Kampf ergeben.

Am Ende des Kriegspfads – Porträt des Apachen-Häuptlings Geronimo von 1887

standenen Ebenen der umgebenden Chihuahua- und Sonora-Wüsten. Das riesige Labyrinth mit zahllosen *Felstürmen* diente einst den legendären Apachenhäuptlingen **Geronimo** und **Cochise** als Versteck während des letzten Widerstandes gegen die US-Armee und ist heute durch ein fantastisches, erlebnisreiches **Wanderwegenetz** erschlossen.

Nach einem großen Vulkanausbruch vor 27 Mio. Jahren war die Region von einer fast 600 m dicken Lava- und Ascheschicht bedeckt, die schließlich aufbrach, zerfurchte und zu den heutigen Felstürmen erodierte. In dieser unzugänglichen Landschaft hat sich eine Wildnis mit seltenen Tieren und Pflanzen erhalten.

Mitten durch den Park führt der 13 km lange **Bonita Canyon Drive**. Vom *Visitor Center* gelangt man zu Wanderwegen und Aussichtspunkten. Kurz vor dem Ende des Drive zweigt eine Straße ab, an der der **Sugarloaf Trail** beginnt. Dieser 1,5 km lange Wanderweg führt zum Feuerwachturm auf dem Sugarloaf Mountain (2238 m), einem der höchsten Berge mit

1862 ließ **General James Henry Carleton** das Fort Bowie am Apache Pass erbauen und nahm den Kampf auf. Er setzte sogar Skalpprämien für jeden gefallenen Indianer aus. **Mangas Coloradas**, Häuptling der Mimbreno- (auch Gila- oder Warm-Springs-) Apachen, wurde 1863 trotz Zusicherung freien Geleits verhaftet und ermordet. Der ab 1872 verantwortliche **General George Crook** verpflichtete erstmals indianische Scouts, die den Gegnern durch unwegsames Gebiet folgen und sie in den entlegensten Regionen aufspüren konnten. Gleichzeitig ließ Crook die bereits in den Reservationen lebenden Indianer ausreichend mit Nahrungsmitteln versorgen. Immer mehr demoralisierte Apachen gaben auf und die Situation entspannte sich.

1877 floh Häuptling **Victorio** von den Warm-Springs-Apachen aus der San Carlos Reservation, in der sich die Lebensbedingungen durch Korruption in der Verwaltung, Epidemien und Dürre deutlich verschlechtert hatten. Zwei Jahre später zog der Kampfgefährte und Nachfolger von Mangas Coloradas eine Spur der Verwüstung durch das Land. 1880 wurde er von mexikanischen Truppen bei Tres Castillos in Mexiko gestellt und im Kampf getötet.

Geronimo vom Stamm der Chiricahua-Apachen floh 1882 aus derselben Reservation. Er und seine Kameraden wurden von den Amerikanern bis nach Mexiko verfolgt. Geronimo gab im Folgejahr auf, kehrte nach San Carlos zurück, nur um 1885 erneut unterzutauchen. Erst Crooks Nachfolger **General Nelson A. Miles** zwang Geronimo 1886 zur endgültigen Kapitulation. Diese markierte auch das Ende der Indianerkriege im Südwesten.

Stumme Zeugen – zwischen den Felstürmen des Chiricahua National Monument versteckten sich einst kämpferische Apachen vor den findigen Scouts der US-Armee

Aussicht auf die bewaldete Felsenlandschaft. **Massai Point Overlook** (2094 m) am Ende des Drive bietet ebenfalls einen großartigen Ausblick auf die Felsareale Echo Canyon und Heart of Rocks.

Ein schöner Rundweg ist der 5,5 km lange **Echo Canyon Loop Trail**, der sich durch die Felstürme im spektakulären Echo Canyon windet und über den **Hailstone Trail** zum Ausgangspunkt zurückführt. Reichlich bizarre Gesteinsformationen bietet auch eine Wanderung auf dem **Inspiration Point Trail** (4,5 km), an dessen Ende man das Gewirr abertausender Felsnadeln, den Rhyolite Canyon und die Kuppe des dunkel bewaldeten Sugarloaf Mountain überblickt. Einer der interessantesten Felsen am Weg ist der 42 m hohe, an seiner Taille nicht einmal 1 m dicke **Totem Pole**.

Top Tipp

Die attraktivste Wanderung, der **Heart of Rocks Loop Trail**, kombiniert die beiden oben erwähnten Pfade und schließt zusätzlich das fantastische Felsengewirr des **Heart of Rocks** ein, des am dichtesten mit Felstürmen bestandenen Areals im Park. Riesige Felsbrocken balancieren hier auf scheinbar hauchdünnen Türmen, wie der 1000 t schwere **Big Balanced Rock**, der auf einem nur 1 m breiten Sockel thront. Als Rundweg Inspiration Point–Heart of Rocks–Echo Canyon misst die Strecke 15 km. Lässt man den Inspiration Point (Sackgasse!) aus, sind es 1,5 km weniger.

i Praktische Hinweise

Information

Chiricahua National Monument, Tel. 520/824-35 60, Fax 520/824-34 21, www.nps.gov/chir

Camping

Bonita Canyon Campground. Einladende, schattige Anlage im Wald.

Am Rio Grande – von den Wüsten Mexikos zu den Bergen Colorados

Der Rio Grande, den die Mexikaner Rio Bravo del Norte nennen, entspringt in den Rocky Mountains von Colorado, an deren Abhängen die Sanddünen des **Great Sand Dunes National Park** emporragen. Auf seiner weiteren Reise fließt er in südlicher Richtung quer durch New Mexico und bildet ab El Paso die Grenze zu Mexiko. Er durchquert ein ausgesprochen trockenheißes, karges Land mit menschenleeren Weiten und großartigen Naturphänomenen wie den schneegleichen Sandbergen des **White Sands National Monument** und den erstarrten Lavaflüssen und Lavahöhlen des **El Malpais National Monument**. Weiße Siedler folgten seit dem frühen 17. Jh. dem Strom flussaufwärts, gründeten **El Paso**, **Albuquerque** und **Santa Fe**, die heutigen Metropolen des Südens, deren hispanische Atmosphäre sie von anderen Städten Amerikas deutlich abhebt. Die Weißen trafen auf indianische Pueblos wie **Acoma** und **Taos** – die ältesten, durchgehend bewohnten Siedlungen in den USA. Mit dem Silberboom im späten 19. Jh. erlebten der Bergbauort **Silver City** und das Eisenbahnstädtchen **Chama**, die bis in unsere Tage das Flair der Westernära konserviert haben, ihre Blütezeit.

33 El Paso

Texanische Stadt am ›Großen Fluss‹ mit mexikanischem Flair.

An der Grenze zu Mexiko liegt El Paso, (610 000 Einw.) eine moderne amerikanische Großstadt, die viel vom Flair ihrer Vergangenheit bewahrt hat. Obgleich sie bereits zu Texas gehört, wird die Stadt kulturell eher dem Südwesten zugerechnet. Die Metropole mit ihrem von Hochhäusern geprägten Zentrum und ihren zahlreichen Vororten breitet sich an einer Biegung des **Rio Grande** aus. Geprägt wird das Stadtbild von dem jäh aufragenden Höhenzug der *Franklin Mountains*. Am jenseitigen Flussufer sieht man das Häusermeer der Schwesterstadt **Ciudad Juárez**, der viertgrößten Mexikos.

In einer wagemutigen Expedition erschloss *Don Juan de Oñate*, neu ernannter Gouverneur der spanischen Provinz Nuevo México, im Jahr 1598 den **El Camino Real** von Mexico City bis San Gabriel bei Santa Fe. Der 2400 km lange ›Königsweg‹ querte an der Furt *El Paso del Rio del Norte* den Rio Grande und folgte dem Ostufer bis in den Norden New Mexicos. 1680 gründeten Franziskanermönche und Tigua-Indianer nahe der Furt die **Misión Isleta**. Aus dieser ältesten Siedlung auf texanischem Boden entwickelte sich schließlich das heutige El Paso. Im 17./18. Jh. entstanden weitere **Missionen** in der Region. 1849 wurden zum Schutz der Siedler vor kriegerischen Apachen die ersten US-Truppen in der heutigen Innenstadt von El Paso stationiert, ab 1854 im nahen *Fort Bliss*.

Ende der 1950er-Jahre war El Paso eine wichtige Station an der transkontinentalen Postkutschenlinie *Butterfield Overland Mail Company*. Mit Anschluss an die Eisenbahnlinie 1881 stieg die Einwohnerzahl rapide an. Es kamen auch zahlreiche Gesetzlose nach El Paso, darunter der Revolverheld *John Wesley Hardin*. Er legte mehr als 30 Männer um, wurde aber schließlich 1895 von Marshall John Selman erschossen.

Der Revolutionär *Francisco ›Pancho‹ Villa* sorgte während der Mexikanischen

Beschwingtes Ballonballett – über den strahlend weißen Dünen des White Sands National Monument schweben Heißluftballons wie bunte Wattebäuschchen

Revolution mit Überfällen in El Paso und in anderen amerikanischen Grenzstädten für erhebliche Unruhe. Von El Paso aus setzte sich 1916 General John Joseph ›Black Jack‹ Pershing auf die Fährte Villas. Es folgten ruhigere Zeiten für die Stadt. Ab den 1930er-Jahren wurde der Rio Grande, durch den die amerikanisch-mexikanische **Grenze** verläuft, kanalisiert. Zuvor hatten seine natürlichen Flusslaufveränderungen ständig zu Grenzstreitigkeiten zwischen den Staaten geführt.

Einen ausgezeichneten Blick über die hitzeflirrenden Ebenen mit den Hochhäusern El Pasos und den Häuserreihen von Ciudad Juárez gewähren die Aussichtspunkte am **Rim Road Scenic Drive** (Zufahrt über Mesa St. ab I-10). Die Panoramastraße verläuft an den südlichen Hängen der Franklin Mountains, nicht weit von der touristisch etwas weniger interessanten Downtown El Pasos.

Vom östlichen Ende des Drive geht es zum Friedhof **Concordia Cemetery** (3800 Yandell Dr.), den Wüstenvegetation und Plastikblumenschmuck kennzeichnen. Im Boot Hill genannten Teil liegen Gräber aus der Zeit des Wilden Westens. Hier fand auch der Revolverheld John Wesley Hardin seine letzte Ruhestätte.

Östlich des Friedhofs liegt auf dem Gelände der Luftwaffenbasis Fort Bliss das **Old Fort Bliss** (Pleasonton Rd., Tel. 915/568-33 90, Mo 9–16.45 Uhr). In den vier nachgebauten Adobe-Gebäuden dokumentieren Waffen, Fotos, Karten etc. das Soldatenleben im 19. Jh. Außerdem wird die Militärtradition El Pasos, das heute einen der weltgrößten Luftwaffenstützpunkte besitzt, thematisiert.

24 km östlich im Vorort Ysleta befindet sich die *Tigua Indian Reservation* (Ausfahrt 32 der I-10). Dort erinnert das **Tigua Indian Cultural Center** (Socorro Rd./305 Yaya Lane, Tel. 915/859-77 00, Mi 10–16 Uhr) an die christianisierten Tigua-Indianer, die 1680 aus dem Isleta Pubeblo bei Albuquerque [s. S. 112] vor der Pueblorevolte südwärts geflohen waren. Nahe des Rio Grande gründeten sie dann das *Ysleta del Sur Pueblo* (www.ysletadelsurpueblo.org), bei dem später der Ort El Paso entstand. Das Center informiert über Geschichte und Traditionen der Indianer. Im Sommer gibt es auch Tanzvorführungen (Sa/So 11, 13 und 15 Uhr) zu sehen.

In der Nachbarschaft steht mit silberglänzendem Glockenturm die 1851 erbaute Adobekirche **Ysleta Mission** (Our Lady of Mount Carmel, 131 S. Zaragoza St., Tel. 915-859-98 48). Der **Mission Trail**, die 13 km lange Verbindungsstraße (Socorro Rd., Hwy 258) zwischen El Pasos drei Missionen, führt von hier weiter zur **Socorro Mission** (328 S. Nevarez St., Tel. 915/859-77 18, Mo–Fr 8–16 Uhr). Die Missionskirche wurde 1843 im spanischen Kolonialstil

Die Farbe Lila – bei einem Spaziergang von El Paso über die Landesgrenze kann man in Ciudad Juárez echt mexikanische Luft schnuppern

El Paso leuchtet – Blick vom Rim Road Scenic Drive auf das Lichtermeer der modernen texanischen Metropole am Rio Grande

errichtet. Sie befand sich damals auf mexikanischem Territorium am Südufer des Rio Grande. Dass sie nun auf texanischem Boden und am Nordufer zu finden ist, liegt daran, dass der Fluss seinen Lauf und damit auch die Staatsgrenze nach Süden verlagert hat. In dem beschaulichen, mexikanisch wirkenden Dorf San Elizario endet der Trail an der **Presidio Chapel of San Elizario** (1556 San Elizario Rd.) mit dem benachbarten Museum und Visitor Center (1521 San Elizario Rd., Tel. 915/851-16 82, Di–Sa 10–14, So 12–16 Uhr). Die 1877 erbaute Missionskirche mit ihrem eindrucksvollen Glockenturm gilt als vortreffliches Beispiel der späten Adobearchitektur. Das 1789 zum Schutz der Missionen im Tal des Rio Grande errichtete Fort (*Presidio*) ist nicht erhalten.

Ausflüge

Als Grenzstadt zu Mexiko ist El Paso idealer Ausgangspunkt für einen Einkaufsbummel durch das benachbarte **Ciudad Juárez** (1,5 Mio. Einw.) jenseits des Rio Grande (Reisepass nicht vergessen). Leihwagenfirmen untersagen meist die Ausreise mit ihren Fahrzeugen nach Mexiko oder verlangen eine teure Zusatzversicherung. Daher geht man am besten zu Fuß, etwa in 10 Min. über die Santa Fe Street Bridge zur geschäftigen *Avenida Juárez*, oder man benutzt einen Bus. Die *Border Jumpers* (tgl. 10–17 Uhr) genannten Busse der El Paso-Juárez Trolley Company (Tel. 915/544-00 62) starten am *Civic Center* in Downtown El Paso zu Rundfahrten durch Ciudad Juárez mit Zwischenstopps für individuelle Erkundungsgänge. Viel mexikanisches Flair bietet der städtische Markt **Mercado Juárez** (Ave. 16 de Septiembre), auf dem man neben Obst und Gemüse auch bunte Webdecken, Strohhüte und andere landestypische Souvenirs sowie Speisen in besonders reicher Auswahl findet. Mexikaner kaufen in derselben Straße weiter westlich im *Mercado Cuauhtémoc* ein.

Schräg gegenüber steht gleich neben der Kathedrale die **Misión de Nuestra Señora de Guadalupe**. Der wehrhafte Bau von 1659 ist die älteste Kirche in der Region.

In der Chihuahua-Wüste 50 km östlich von El Paso liegt der populäre **Hueco Tanks State Historic Site** (via US Hwy 180/62, dann nordwärts auf Hwy 2775, www.tpwd.state.tx.us), ein Anziehungspunkt für Wanderer und Kletterer. Teils mit Ketten gesicherte Wege führen auf die faszinierenden, rund geschliffenen

Felsen, von denen man eine fantastische Aussicht auf die karge Wüstenlandschaft hat. Wegen des Regenwassers, das sich in natürlichen Felszisternen (*Huecos*) sammelt, kamen einst Indianer an diese Stelle, woran Felszeichnungen und -ritzungen erinnern. Später hielten hier auch Postkutschen der Butterfield Overland Mail.

i Praktische Hinweise

Information

El Paso Convention & Visitors Bureau, 1 Civic Center Plaza, El Paso, Tel. 915/534-06 01, 800/351-60 24, Fax 915/534-06 87, www.visitelpaso.com

Musical

VIVA! El Paso, Tel. 915/588-70 54, www.viva-ep.org. Im Amphitheater des McKelligon Canyon am Südhang der Franklin Mountains wird ein farbenfrohes Musical aufgeführt. Es dreht sich um die Geschichte der indianischen, spanischen, mexikanischen und angloamerikanischen Kulturen El Pasos (Mitte Juni–Anfang Aug. Fr/Sa 20.30 Uhr).

Hotel

****__Camino Real__, 101 S. El Paso St., El Paso, Tel. 915/534-30 00, 800/769-43 00, Fax 915/534-30 24, www.caminoreal.com/elpaso. Elegantes, nostalgisches Grandhotel von 1912 mit 360 Zimmern, Restaurants und der Dome Bar mit der berühmten Kuppel aus Tiffanyglas (Livemusik Do–Sa Abend).

Restaurant

Avila's Mexican Food Restaurant, 6232 N. Mesa St., El Paso, 915/5 84-36 21. Seit 50 Jahren serviert man hier Tortillas, Enchiladas und andere mexikanische Spezialitäten in familiärer Atmosphäre.

Cattleman's Steakhouse, Indian Cliffs Ranch, 8 km nördlich der I-10, Ausfahrt 49, Tel. 915/544-32 00, www.cattlemanssteakhouse.com. Die besten Steaks weit und breit, tolles Panorama von der Terrasse auf den Sand Cliff Lake.

34 White Sands National Monument

Die größte Gipsdüne der Welt.

24 km südwestlich von Alamogordo im Süden New Mexicos liegt am Nordrand der Chihuahua-Wüste ein bergumrahmtes Tal. Dieses Tularosa Basin verwandelt der dort zu Dünen aufgetürmte, gleißend weiße Gipssand des White Sands National Monument (Tel. 575/679-25 99, www.nps.gov/whsa) in eine Landschaft von surrealem Charakter.

TOP TIPP Der asphaltierte, 13 km lange **Dunes Drive**, über den regelmäßig Sandschwaden hinweg wehen, zieht sich vom *Visitor Center* durch das Heer

Die Dome Bar des Hotels Camino Real von El Paso mit ihrer herrlichen Glaskuppel (1912)

Stimmungsvoller Laufsteg – Fototermin im White Sands National Monument

der bis zu 20 m hohen Dünen, die man beliebig hinaufsteigen und wieder hinabsurfen kann. Am Straßenende lockt inmitten der blendenden Einsamkeit ein hübscher Picknickplatz. Alljährlich in der zweiten Septemberhälfte findet vor dieser wunderbaren Kulisse ein Heißluftballon-Festival statt, das *White Sands Hot Air Balloon Invitational* (Tel. 575/467-6120), an dem 50 Luftgefährte teilnehmen.

Drei **Naturlehrpfade**, die von der Parkstraße in die Dünen führen, verweisen auf die Besonderheiten der Gipswüste. Bedingt durch den unaufhörlichen Südwestwind verändern die Dünen ständig ihre Kammlinien. Auf seiner Wanderung bedeckt der Sand alles in seinem Weg. Nur selten sieht man Tiere. Sie haben sich durch weiße Haut oder weißes Fell der Umgebung angepasst. Pflanzen können inmitten des wandernden Sandes nur dank verlängerter Wurzeln oder schnell wachsender Stämme überleben.

Gipssand und Gipsdünen sind seltene **Naturphänomene**. Im Fall von White Sands lagerte sich der Gips vor 250 Mio. Jahren am Grund eines urzeitlichen Binnenmeeres ab. Er versteinerte, wurde zu einer riesigen Kuppe angehoben und kollabierte wieder, wodurch das Tularosa Basin entstand. Die *San Andres Mountains* und *Sacramento Mountains ringsum* sind die stehen gebliebenen Ränder der einstigen Kuppe. Seither wäscht Regen den Gips von den Bergen in das abflusslose Talbecken und der Wind weht ihn in feinsten Partikeln zu den Dünen. Das Wasser, das den Gips hereinbringt, sammelt sich im **Lake Lucero**, einem flachen, abflusslosen See am Südwestrand der Dünen, oder versickert vorher im Boden. Der See selbst ist ein Überbleibsel der letzten Eiszeit, als hier der *Lake Otero* noch ein weit größeres Gebiet bedeckte. Vom Ende der Parkstraße führt ein 3,5 km langer Fußweg zum **Alkali Flat**, dem ausgetrockneten Bett des Lake Otero.

Der einsam erscheinende Park wird komplett vom Raketentestgelände der **White Sands Missile Range** umschlossen, in der auch eine Notlandebahn für Space Shuttles liegt. Im Falle von Raketentests werden Dunes Drive und US Hwy 70 für bis zu drei Stunden gesperrt. Die erste Atombombe wurde 1945 übrigens auf der *Trinity Site* (www.wsmr.army.mil) 100 km nördlich von White Sands gezündet.

Ausflug

21 km weiter nordöstlich, in **Alamogordo**, ist das ausgezeichnete **New Mexico Museum of Space History** (Tel. 575/437-2840, www.spacefame.org, tgl. 9–17 Uhr) der Raumfahrt gewidmet. In einem fünfstöckigen goldfarbenen Würfelbau zeigt es Ausstellungen zur Geschichte der Raketentechnik von den Anfängen bis zu Zukunftsprojekten. Das benachbarte *IMAX Theater and Planetarium* präsentiert fesselnde Filme und Lasershows auf Riesenleinwand. Einige ausgediente Raketen recken sich auf dem Außengelände in den meist sonnigen Himmel.

Klassische Geste – die Town Hall von Silver City ziert eine kolossale Tempelfront

35 Silver City

Silber, Kupfer und Keramik in den Bergen.

Viktorianische Backsteinhäuser, einladende Cafés und Restaurants bilden das Herz von Silver City (11 000 Einw.). An den Revolverhelden William H. Bonney (eigentl. Henry McCarty), besser bekannt als ›Billy the Kid‹, der hier als Kind 1868–75 lebte, erinnert allerdings nichts mehr. Ein eindrucksvoller Landschaftsmix umgibt die 1800 m hoch in den *Pinos Altos Mountains* im südwestlichen New Mexico gelegene Stadt. Wenige Kilometer südwärts beginnt die trockenheiße Chihuahua-Wüste, nordwärts verheißen die schattigen Wälder der Mogollon Mountains Abkühlung.

Reiche **Silberfunde** führten ab 1870 zur Blüte (*Boom*) des Ortes und nach einem Silberpreisverfall 1893 zum genauso schnellen Niedergang *(Bust)*. Dessen ungeachtet wurde im selben Jahr die Western New Mexico University gegründet. Das **Western New Mexico University Museum** (Fleming Hall, 1000 W. College Ave., Tel. 505/538-63 86, www.wnmu.edu, Mo–Fr 9–16.30, Sa/So 10–16 Uhr) auf dem Campus im Westen der Stadt zeigt u. a. eine Sammlung kunstvoller *Keramik* der *Mimbres*. Es erzählt die Geschichte des Indianerstammes, der im Mimbres Valley östlich der heutigen Stadt während der Blütezeit 1000–1150 die feinsten Tongefäße nördlich von Mexiko produzierte. Die Mimbres werden zur Gruppe der Mogollon-Indianer gerechnet, die damals in den zerfurchten Bergen des westlichen New Mexico und östlichen Arizona beheimatet waren.

Zur tragenden Wirtschaftssäule von Silver City entwickelte sich die **Kupferförderung**, die im frühen 20. Jh. vom Bergbau zum großflächigen Tagebau östlich und südlich der Stadt überging. In der **Santa Rita Open Pit Copper Mine** 24 km östlich von Silver City (SR 152) wurde das Metall bereits im frühen 19. Jh. abgebaut. Heute blickt man vom Aussichtspunkt am Rande des Schlundes auf eine der größten Erztagebauminen in den USA. Dem Tagebau fiel übrigens das Städtchen Santa Rita mitsamt dem 1804 errichteten Santa Rita del Cobre Fort zum Opfer. Der heute sichtbare künstliche Krater ist bis zu 300 m tief und bis zu 3 km breit.

Ausflüge

In dem alten Goldminenstädtchen **Pinos Altos** 11 km nördlich von Silver City (via SR 15) steht eine originalgetreue Nachbildung des *Cobre Fort*, das Spanier zum Schutz vor Apachen gebaut hatten. Im gegenüberliegenden *Buckhorn Saloon* (32 Main St., Tel. 505/538-99 11), einem typi-

Ein Tempel der Kunst ist die Ende des 19. Jh. errichtete, scheunenartig schlichte Hearst Church von Pinos Altos

Metallisch leuchtende Mondlandschaft – der gewaltige Erdschlund der Kupfermine Santa Rita Open Pit Copper Mine bei Silver City

schem Wild-West-Lokal, werden zum Dinner köstliche Steaks serviert. Am anderen Ortsende präsentieren in der Hearst Church (1898) ortsansässige Künstler ihre Werke.

Geologische Schaustücke sind die bis zu 15 m hohen Felsmonolithen der Westernlandschaft **City of Rocks State Park** (www.nmparks.com) 50 km südöstlich von Silver City (via US Hwy 180 und SR 61). Sie bestehen aus 30 Mio. Jahre altem vulkanischem Rhyolith-Tuff. Um dies fantastische steinerne Labyrinth führen eine Ringstraße und ein Wanderweg, mehrere Pfade ziehen sich kreuz und quer durch die ›Stadt der Felsen‹. In wundervoller Lage nahe den *Rocks* befinden sich die großzügig angelegten Stellplätze des Campingplatzes.

i Praktische Hinweise

Information

Silver City-Grant County Chamber of Commerce, 201 N. Hudson Ave., Silver City, Tel. 505/538-37 85, Tel. 800/548-93 78, Fax 505/538-37 86, www.silvercity.org

Hotels

*****Bear Creek Cabins**, 88 Main St., Pinos Altos, Silver City, Tel. 505/388-45 01, Tel. 888/388-45 15, Fax 505/538-55 83, www.bearcreekcabins.com. Komfortable Hütten im Wald nahe dem Buckhorn Saloon.

****Breathe Inn**, SR 15/SR 35, Silver City, Tel. 505/536-32 06, Tel. 888/538-53 50, Fax 505/536-32 07, www.breatheinnlodge.com. Rustikales Hotel mit vielfältigen Naturattraktionen in der Umgebung.

Freundliche Felstürme statt Wolkenkratzer – die City of Rocks kennt keinen Bauboom

Der Fensterbogen La Ventana Natural Arch ziert das El Malpais National Monument

36 El Malpais National Monument

Von der Faszination des ›schlechten Landes‹.

Auf halber Strecke zwischen Albuquerque und der Grenze zu Arizona erstreckt sich in über 2000 m Höhe ein **vulkanisches Plateau** mit scharfkantig erstarrten Lavaflüssen, Vulkankegeln und hohen Sandsteinklippen. Die Teilnehmer der spanischen *Coronado-Expedition* nannten es 1540 ›mal país‹, ›schlechtes Land‹. Auch dem angloamerikanischen Westwärtsdrang im 19. Jh. war diese nur unter äußersten Mühen zu durchquerende Landschaft ein lästiges Hindernis. Erst während der Weltwirtschaftskrise in den 1930er-Jahren versuchten weiße Siedler verstärkt, aber vergeblich, in dieser Einöde Fuß zu fassen.

Direkt an der Autobahn I-40 (Ausfahrt 85) liegt das moderne **Northwest New Mexico Visitor Center** (www.nps.gov/elma). Zwei Straßen durchqueren die faszinierende Region. Die SR 117 (Ausfahrt 89) führt in den **Ostteil** des Parks und erreicht nach der *El Malpais Ranger Station* (Information) den **Sandstone Bluffs Overlook**, der einen weiten Panoramablick über das mit schwarzem Lavagestein durchsetzte, karge Plateau bietet. Weiter südlich erhebt sich vor einer riesigen Sandsteinhöhle der wohl geformte ›Fensterbogen‹ **La Ventana Natural Arch**. Ein kurzer Fußweg führt direkt unter diesem mit 41 m zweitgrößten Bogen New Mexicos hindurch. Anschließend zwängt sich die Straße durch die **Narrows**, einen engen Korridor zwischen Lavafluss und Sandsteinklippen. Am Südende des Parks quert der kurze **Lava Falls Trail** einen 3000 Jahre alten Lavafluss. Auf dem 1,5 km langen Rundweg lernt man die glatte seilartig gedrehte ›Pahoehoe-Lava‹ und die raue, scharfkantige, kaum begehbare ›Aa-Lava‹ kennen.

Über die I-40 (Ausfahrt 81) wechselt man vom Ost- in den **Westteil** des Parks. Die SR 53 passiert zunächst die **El Calderon Area**, wo man – mit einer Taschenlampe ausgerüstet – Teile der 900 m langen Höhle **Junction Cave** problemlos erkunden kann. Von dort führt ein 1 km langer Weg zur **Bat Cave**. Aus der Höhle schwärmen an Sommerabenden gleich dunklen Wolken Tausende von mexikanischen Bulldog-Fledermäusen.

Ein wenig weiter auf dieser Route gibt das *El Malpais Information Center* Auskunft über die zugänglichen Lavahöhlen des Parks. Für ihre Entstehung waren Lavaströme verantwortlich, deren äußere Schichten schneller abkühlten und erstarrten als ihr heißes Inneres. Anschließend geht es von der SR 53 südwärts zu dem Höhlensystem der **Big Tubes**. In den 27 km langen Röhren hält sich ungeachtet warmer Außentemperaturen stellenweise das ganze Jahr hindurch Eis.

Ausflug

20 km weiter westlich steigt aus dem Talboden des **El Morro National Monument** (www.nps.gov/elmo) ein 60 m hoher Sandsteinmonolith abrupt empor. Auf dem Plateau des Berges errichteten

Anasazi um 1275 das Pueblo Atsinna, das allerdings nur 25 Jahre bewohnt war. Ein 3 km langer Rundweg mit gutem Panorama führt hinauf zu den **Puebloruinen**. Kurz hingegen ist der Abstecher zu dem natürlichen Quellbecken unterhalb des Morro (span. Felsen). Diese permanente Wasserstelle zog Indianer, Siedler und Soldaten an. Am dortigen **Inscription Rock**, in den schon die Pueblobewohner Petroglyphen geritzt hatten, verewigten sich spätere Reisende mit Kommentaren und Zeichnungen, so auch 1605 Don Juan de Oñate, erster amtierender Gouverneur der spanischen Provinz Nuevo México.

Schöner Bauch – Vase mit abstrakten Blütenmustern aus dem Acoma Pueblo

37 Acoma Pueblo

TOP TIPP *Die ›Sky City‹ ist ein Indianerdorf in einzigartiger Lage.*

Acoma Pueblo (2800 Einw.) thront 100 km westlich von Albuquerque (I-40, Ausfahrt 108) auf einem 112 m hohen, unbezwingbar erscheinenden Tafelberg aus Sandstein. Der Name **Sky City** bezieht sich auf die ›himmelsnahe‹ Höhenlage des Pueblos. Erst seit 1929 führt eine Straße hinauf, zuvor war Acoma nur über einen steilen Pfad erreichbar. Das Pueblo darf nur in Begleitung indianischer Führer besichtigt werden (April–Okt. tgl. 8–18.30, sonst bis 16.30 Uhr, Dauer 1,15 Std., Fotografieren gegen Gebühr). Busse bringen die Besucher hinauf zur Himmelsstadt. Vorher muss man sich am Fuß des Pueblo im *Sky City Cultural Center* anmelden. Das dazugehörige **Haak'u Museum** (tgl. 8–18.30 Uhr) zeigt Töpferwaren und dokumentiert die Geschichte des Pueblo.

Der Ort selbst war vermutlich ab 1150 bewohnt und gilt damit als einer der ältesten durchgehend besiedelten der USA, auch wenn heute nur noch wenige Familien im alten Pueblo heimisch sind. Die Indianer leben inzwischen in drei umliegenden Dörfern der **Acoma Indian Reservation** am Fuße des Plateaus und kehren nur für den Verkauf von Töpferwaren und anderen Kunsterzeugnissen sowie zu Festen und Zeremonien zurück.

Himmlische Lage – Sky City Acoma Pueblo thront majestätisch auf dem Hochplateau

Lehmwürfel statt Lederzelt

Was wäre ein Western ohne eine spannende Szene in einem Indianerlager zwischen bunt geschmückten Zelten! Dass viele Indianer im Gegensatz zu ihren Filmbrüdern jedoch in Häusern lebten, kann man angesichts solcher Campingromantik leicht vergessen. Die Spanier nannten die Indianerdörfer des Südwestens mit ihren mehrstöckigen, verschachtelten Gebäudekomplexen aus behauenem **Sandstein** oder **Adobe**, luftgetrockneten Lehmziegeln, einfach **Pueblos** (span. Dorf).

Dieses Wort benennt auch eine bedeutende Epoche in der Indianergeschichte. Vorangegangen war die Kultur der **Basketmaker**, der ›Korbflechter‹. Damals hatten die Anasazi noch fest geflochtene Korbgefäße für Vorräte gefertigt und in einfachen Erdgrubenhäusern, den **Pit Houses**, gelebt. Auf Mitte des 8. Jh. wird der Übergang zur **Pueblokultur** datiert. Inzwischen stellten die Indianer Tongefäße her und errichteten oberirdische Einraumbauten. Mit dem Zusammenschluss zu größeren Stammesgruppen ging ab Mitte des 11. Jh. die Erweiterung zu mehrgeschossigen, verschachtelten Gemeinschaftsbauten, eben den Pueblos, einher. Man betrieb nach wie vor **Landwirtschaft**, die Erträge wurden mithilfe von Bewässerungskanälen erheblich verbessert.

Der Zugang zu den Wohneinheiten erfolgte über **Leitern**, die außen von Stockwerk zu Stockwerk reichten. Daher ließen sich die Pueblos gut verteidigen. Die **Cliff Dwellings** der Anasazi waren durch ihre Lage in den Felswänden von Canyons wie Mesa Verde [s. S. 58] quasi uneinnehmbar. Zu einem Pueblo gehörten stets mehrere **Kivas**, unterirdische, kreisrunde Versammlungs- und Zeremonialräume. **Sipapu**, das Loch im Deckenboden als Weg hinab in die Kiva, symbolisierte den Zugang zur Unterwelt, und die Leiter, auf der die Männer nach oben kletterten, versinnbildlichte das Auftauchen des Lebens aus der Mutter Erde.

Zu den ältesten Pueblos des Südwestens zählen **Acoma Pueblo**, **Taos Pueblo** [s. S. 107, 120] sowie **Old Oraibi** in der Hopi Indian Reservation. Als Francisco Vásquez de Coronado 1540 mit seiner Truppe in den Südwesten kam, existierten rund 90 Pueblos. Heute sind in New Mexico noch 19 Pueblos (www.indianpueblo.org) erhalten, zudem in Arizona das Hopi und in Texas das Ysleta Pueblo [s. S. 100]. Eine Stadt wie **Santa Fe** [Nr. 39] mit ihren alten und neuen Adobebauten zeigt, dass die Pueblokultur der ›Ahnen‹, der Anasazi, auch gegenwärtig noch eine ausgesprochen große Bedeutung für die Bewohner dieses Landes hat.

Kubismus am Bau – seit dem 12. Jh. wohnen die Indianer des Acoma Pueblo in Adobehäusern

Bunter Oktober – in Albuquerque geht jedes Jahr unter großem Beifall des Publikums die Weltelite der Ballonpiloten in die Luft

Als 1540 der spanische General *Francisco Vásquez de Coronado* auf der Suche nach den ›Sieben goldenen Städten von Cibola‹, in denen ungeheure Reichtümer vermutet wurden, zur Sky City gelangte, fand er ein blühendes Dorf mit 700 Bewohnern vor. Die Indianer arbeiteten auf den Feldern am Fuße des Tafelberges und kletterten jeden Abend über Leitern zurück in ihr als uneinnehmbar geltendes Pueblo. Erst 1599 eroberten die Spanier unter Führung von *Don Juan de Oñate* Acoma und töteten dabei 900 Indianer. Frauen und Kinder wurden verschleppt, überlebenden Männern wurde ein Fuß abgehackt.

Im Pueblo, das durch seine fantastische **Aussicht** auf weitere Tafelberge begeistert, hat sich über die Jahrhunderte nicht viel verändert. Noch immer gibt es weder fließendes Wasser noch Elektrizität in den mehrstöckig verschachtelten, braunen Adobebauten. Den Mittelpunkt bildet die markante **San Esteban del Rey Mission**, eine der größten, besterhaltenen und ältesten Missionskirchen im Südwesten. Während der Bauzeit 1629–40 schleppten die Indianer sowohl den Sand als auch jeden einzelnen Holzbalken auf ihren Rücken hoch. Die massiven, stellenweise mehr als 2 m dicken Mauern verleihen der Adobekirche ein schlichtes, aber erhabenes Gepräge. Das *Innere* kann mit einzigartiger Sakralkunst aus dem 17. Jh. aufwarten. Sehenswert sind die reich dekorierte Altarrückwand, Holzschnitzereien, Gemälde und mit indianischen Motiven bemalte Tongefäße.

Als Alternative zur Rückfahrt per Bus vermittelt der Fußweg auf dem alten steilen Steig um den Felsen herum und hinab ins Tal eine Vorstellung von dem früher so beschwerlichen Weg hinauf nach Acoma.

i Praktische Hinweise

Information

Acoma Tourist Visitor Center, Acoma, Tel. 505/469-10 52, Tel. 800/747-01 81, Fax 505/552-72 04, www.skycity.com

38 Albuquerque

Plan Seite 110

Wo zahllose Ballons in den blauen Himmel steigen – hübsche Stadt am Königsweg.

Unmittelbar am Fuße der bis zu 3255 m hohen *Sandia Mountains* im Tal des Rio Grande liegt Albuquerque (518 000 Einw.), die einzige Großstadt und das wirtschaftliche Zentrum des Staates New Mexico. Der Wohlstand der Stadt basiert auf der Universität, auf militärischen Einrichtungen wie der Kirtland Air Force Base sowie nuklearen Produktions- und Forschungseinrichtungen.

Das angenehme und trockene **Klima** kommt dem Freizeitwert der Stadt zugute. Die Tage werden vom Sonnenschein bestimmt, und die Nächte kühlen wegen der Höhenlage von 1500 m erfreulich ab. Abgesehen von den Temperaturen bieten hier *Box Winds*, die übereinander in entgegengesetzten Richtungen wehen, ideale Voraussetzungen für Fahrten mit dem Heißluftballon. Ein besonders eindrucksvolles Ereignis ist der Aufstieg von mehr als 700 Ballons beim **Albuquerque International Balloon Fiesta** (Anfang Okt., www.aibf.org), dem größten Ballonfestival der Welt, an dem pro Tag etwa 100 000 Zuschauer teilnehmen. Das im Jahr 2005 eröffnete **Anderson-Abruzzo Albuquerque International Balloon Museum** ❶ (9201 Balloon Museum Dr., Tel. 505/768-60 27, www.cabq.gov/balloon, Di–So 9–17 Uhr) dokumentiert die spannende Geschichte der Luftfahrt in der Gondel, die 1783 in Frankreich mit den Brüdern Montgolfier begann.

Von all dem ahnte Francisco Vásquez de Coronado nichts, als er 1540 auf der Suche nach den legendären ›Sieben goldenen Städten von Cibola‹ auch den späteren Großraum Albuquerque streifte. Gegründet wurde die nach dem spanischen Vizekönig und **Herzog von Albuquerque** benannte Stadt 1706 von spanischen Siedlern. Sie lag am *El Camino Real*, der Königsstraße von Mexico City nach Santa Fe. 1880 begann mit der Ankunft der *Eisenbahn* ein explosives Wachstum, das sich im 20. Jh. und Anfang des 21. Jh. ungebrochen fortsetzte.

Albuquerques malerische **Old Town**, liegt 3 km westlich der Innenstadt zwischen I-40 und Central Avenue (Route 66). In den schattigen Straßen mit den hispanisch geprägten hübschen Adobegebäuden um die baumbestandene **Old Town Plaza** ❷ findet man Arkaden und luftige Passagen mit grünen Innenhöfen, kleinen Geschäften, Kunstgalerien und Restaurants. Die Plaza wird überragt von den beiden kantigen Glockentürmen der **San Felipe de Neri Church** ❸ von 1793. Die Kirchenfassade wirkt durch die hochliegenden Fenster und die dicken Adobemauern äußerst trutzig.

Das **New Mexico Museum of Natural History & Science** ❹ (1801 Mountain Rd. NW, Tel. 505/841-2800, www.nmnatural history.org, tgl. 9–17 Uhr) am nördlichen Rand der Altstadt beschäftigt sich in einer erdgeschichtlichen Zeitreise mit Geologie, Zoologie und Botanik des Bun-

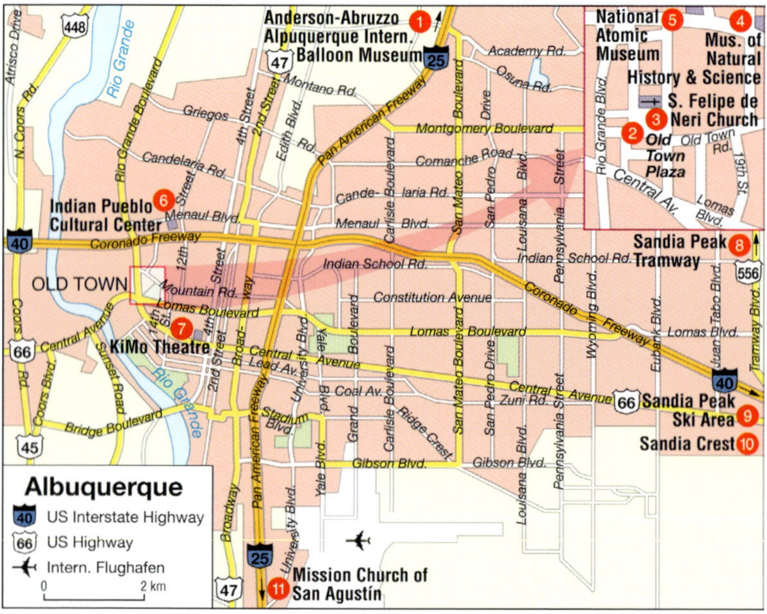

Musik liegt in der Luft – Pavillion an der Old Town Plaza mit der Kiche San Felipe de Neri im Hintergrund

desstaates New Mexicos. Zu den innovativen Installationen gehört u. a. das begehbare Modell eines Vulkans.

Nebenan liegt das **National Atomic Museum** 5 (1905 Mountain Rd. NW, Tel. 505/245-2137, www.atomicmuseum.com, tgl. 9–17 Uhr). Anhand von Filmen, Fotos und Modellen dokumentiert das Museum das Thema Radioaktivität, die Entwicklung von Nuklearwaffen, Nuklearenergie und Nuklearmedizin. Es erzählt z. B. die Geschichte des *Manhattan Project*, eines geheimen Forschungsprojekts zur Herstellung der Atombombe, die u. a. in Los Alamos entwickelt und 1945 auf der nördlich des White Sands National Monument gelegenen *Trinity Site* [s. S. 103] erstmals erfolgreich gezündet wurde.

TOP TIPP Das weiter nördlich gelegene **Indian Pueblo Cultural Center** 6 (2401 12th St. NW, indianpueblo.org, tgl. 9–17– Uhr) mit gutem Museumsshop widmet sich im Erdgeschoss der indianischen Kulturgeschichte anhand einer Dokumentation zu den Pueblos New Mexicos. Ein Stockwerk höher gibt es historische und moderne Pueblokunst zu sehen. Die Architektur des Kulturzentrums reflektiert die Bauweise des *Pueblo Bonito* im Chaco Canyon [s. S. 63]. An Wochenenden (Sa/So 11 und 14 Uhr) finden *Tanzdarbietungen* und *Kunsthandwerksvorführungen* statt.

An der Route 66 in Downtown fällt vor allem das reich mit farbenfrohen geometrischen Art-déco-Verzierungen und indianischen Motiven dekorierte **KiMo Theatre** 7 (423 Central Ave. NW, www.cabq.gov/kimo) auf. In diesem Kino aus dem

Jugendstil á la Mexicana – das hübsche KiMo Theatre aus den 1930er-Jahren ist heute ein vielseitiges Kulturzentrum

Jahre 1927 finden heute Konzerte, Theater-, Opern- und Tanzaufführungen statt. Ostwärts führt die Route 66 zum Stadtteil **Nob Hill**. Auch hier erinnern Stilelemente des Art déco, neonbeleuchtete Diners und einige kleine Motels an die 1930/40er-Jahre – und an die stürmischen Tage des berühmten Highway.

Ausflüge

Am Ostrand von Albuquerque schwebt die **Sandia Peak Tramway** 8 (www.sandiapeak.com), mit 4500 m Fahrtstrecke die längste Seilbahn Nordamerikas, auf den 3163 m hohen, bewaldeten *Sandia Peak* (Ende Mai–Anfang Sept. tgl. 9–21 Uhr, sonst bis 20 Uhr). Nach 15-minütiger Fahrt eröffnet sich vom Gipfelrestaurant eine prächtige Aussicht über Albuquerque und das Tal des Rio Grande.

Vom Turquoise Trail (s. u.) an der Nordostseite der Sandia Mountains führt der 22 km lange, kurvenreiche **Sandia Crest Scenic Byway** (SR 536) in die Berge. Er passiert die **Sandia Peak Ski Area** 9 und endet am bewaldeten **Sandia Crest** 10 (3255 m), dem höchsten Punkt der Sandia Mountains mit Gipfelhaus sowie schöner Aussicht auf Berge und Stadt. Von hier aus führt der 3 km lange *Sandia Crest Trail* am Kamm entlang zur Bergstation der Sandia Peak Tramway. Mountainbikes für Touren auf dem 50 km langen Trailnetz kann man an der Sandia Peak Ski Area ausleihen (Ende Mai–Anfang Sept. Fr–So 10–16 Uhr).

Gipfelstürmer – für alle, die hoch hinaus wollen, empfiehlt sich eine Fahrt mit der Kabinenbahn Sandia Peak Tramway

Der 76 km lange **Turquoise Trail** (SR 14, 25 km östlich von Albuquerque, I-40, Ausfahrt 175) ist eine schöne Route nach Santa Fe. Er verläuft durch eine bergige Westernlandschaft mit verlassenen Minenstädten und winzigen Orten, hinter deren verwitterten Hausfassaden sich nette Restaurants und Kunstgalerien befinden. Der Trail führte zu den Berbaugebieten am Ostrand der Sandia Mountains. Bis Mitte des 20. Jh. wurden in der Region neben den namengebenden *Türkisen* auch Gold und Kohle gefördert. **Madrid**, einst ein blühender Kohlebergbauort am Weg, war seit 1959 ein Geisterstädtchen, heute ist es eine Künstlerkolonie mit Studios, Galerien und Geschäften. Neben der urigen Kneipe *Mine Shaft Tavern* (Tel. 505/473-07 43, www.themineshafttavern.com) beherbert das *Old Coal Mine Museum* ein Sammelsurium alter Gerätschaften. Der weiter nördlich gelegene pittoreske Ort **Cerrillos**, der während des Bergbaubooms im späten 19. Jh. sogar 21 Saloons und vier Hotels besaß, dient heute gelegentlich als Filmkulisse.

Die 1613 erbaute **Mission Church of San Agustín** 11 an der Main Plaza im **Isleta Pueblo** 24 km südlich von Albuquerque (I-25, Ausfahrt 209) zählt zu den ältesten und schönsten Missionskirchen im Südwesten der USA. Sie wurde während der Pueblorevolte von 1680 teilweise zerstört und 1720 wieder aufgebaut. Der seither unveränderte, breit gelagerte Bau mit seinen glatten, beinah fensterlosen Wänden und zwei niedrigen Turmaufsätzen hebt sich markant von den Adobehäusern der Umgebung ab.

i Praktische Hinweise

Information

Albuquerque Convention & Visitors Bureau, Old Town Information Center, 303 Romero NW, Albuquerque, Tel. 505/243-32 15, Tel. 800/284-22 82, Fax 505/247-91 01, www.itsatrip.org

Ballonfahrten

Rainbow Ryders, Albuquerque, Tel. 800/725-24 77, www.rainbowryders.com. Heißluftballon-Fahrten zum Sonnenaufgang, inklusive Sektfrühstück. Kostenloser Transfer vom Hotel.

Der Adobemetropole Santa Fe bescherte Erzbischof Lamy im 19. Jh. die neoromanische Kathedrale St. Francis of Assisi

Hotel

*****Andaluz**, 125 2nd St. NW, Albuquerque, Tel. 505/242-90 90, www.hotelandaluz.com. Im Jahr 1939 erbautes elegantes Dowtown-Hotel im hispanischen Stil, das nach Restaurierung 2009 unter neuem Namen wieder eröffnet wurde.

Restaurant

TOP TIPP **High Noon Restaurant & Saloon**, 425 San Felipe St. NW, Albuquerque, Tel. 505/765-14 55, www.999dine.com/nm/highnoon. Das Lokal in einem pittoresken Adobehaus von 1750 in Old Town serviert fabelhafte Wild-, Fisch- und Steakgerichte sowie traditionelle Küche des Südwestens.

39 Santa Fe

Plan Seite 114

Hübsche City im Pueblolook.

Im Norden New Mexicos am Fuße der 4000 m hohen *Sangre de Cristo Mountains*, einem Bergzug der Rocky Mountains, liegt Santa Fe (72 000 Einw.). Seine harmonisch gewachsenen, im Pueblostil gestalteten Viertel vermitteln auf einzigartige Weise das hispanische Flair des Südwestens. Der **Adobestil**, der sich hier einst aus den reichlich vorhandenen Baumaterialien Lehm und Holz beinahe selbstverständlich ergab, ist heute dem einheitlichen Stadtbild zuliebe vorgeschrieben. Santa Fe ist das beliebteste *Touristenziel* in New Mexico und gilt mit seinen vorzüglichen Museen und Galerien auch als *Kunstmekka* des Südwestens.

New Mexicos **Hauptstadt** blickt auf eine bewegte Geschichte zurück. Sie ist der älteste permanente Regierungssitz in den USA. Bereits 1610 erklärte Gouverneur *Don Pedro de Peralta* das 1607 besiedelte Santa Fe unter dem Namen *La Villa Real de Santa Fé de San Francisco de Asis* – ›die königliche Stadt des heiligen Glaubens des hl. Franziskus von Assisi‹ – zur Hauptstadt der Provinz Nuevo México. Im gleichen Jahr entstanden die Plaza und der Gouverneurspalast. Zudem war Santa Fe Ausgangspunkt des El Camino Real nach Mexico City. Bis weit ins 19. Jh. hinein blieb der Königsweg die einzige Verbindung in den Süden. Die Intoleranz der spanischen Kirche und Verwaltung gegenüber india-

Tipi und Stage Coach schmücken den Innenhof des populären Geschichtsmuseums Palace of the Governors von Santa Fe

nischen Traditionen führte zur **Pueblorevolte** von 1680, in deren Verlauf die Spanier für zwölf Jahre aus der Stadt vertrieben wurden. Mit dem 1821 eröffneten *Santa Fe Trail* besaß die nunmehr mexikanische Stadt als erste im Südwesten eine Handelsroute in die USA. 1846 schließlich, zu Beginn des Krieges zwischen den beiden Staaten, wurde sie von US-Truppen besetzt.

Santa Fe ist für amerikanische Verhältnisse ein Fußgängerparadies, alle Ziele in und um die kompakte Altstadt mit der **Plaza** 1 als Mittelpunkt lassen sich mühelos per pedes erreichen. Auf dem Platz werden seit fast vier Jahrhunderten Feste und Märkte veranstaltet und hier endete einst der Santa Fe Trail. Heute bezaubert er als grüne, schattige *Oase* mit Bänken und Spazierwegen, auf denen sich Flaneure, Musiker und Souvenirhändler ein Stelldichein geben. Von beinahe archaischer Schönheit geprägt sind die seit den 1930er-Jahren im Pueblostil erbauten **Adobehäuser**, die sich um die Plaza drängen und auch im übrigen Stadtgebiet zu finden sind. Hochhäuser fehlen, denn kein Gebäude darf die Zwillingstürme der Kathedrale überragen.

TOP TIPP Der lange, niedrige Adobebau des 1610 errichteten **Palace of the Governors** 2 (105 W. Palace Ave., Tel. 505/476-1140, www.palaceofthegover

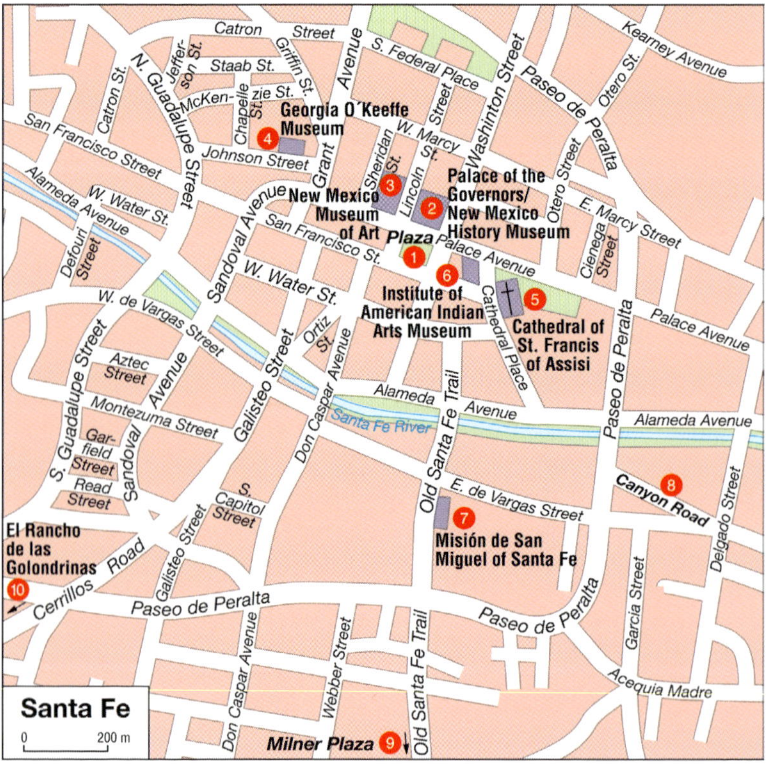

Kunstoase – in einem der schönsten Adobegebäude von Santa Fe ist das New Mexico Museum of Art beheimatet

nors.org, Di–So 10–17 Uhr) auf der Nordseite der Plaza war von 1692, als die Spanier nach der Pueblorevolte (1680) die Macht wieder erlangt hatten, bis 1909 Amtssitz des Gouverneurs. Dann zog hier das **New Mexico History Museum** (www.nmhistorymuseum.org) ein. Die exzellente Sammlung befasst sich schwerpunktmäßig mit dem hispanischen Nuevo México und den Puebloindianern, ein lichter Innenhof lädt zum Verweilen ein. Eine neue Heimstatt des Museums ist gerade im Bau, sie liegt gleich hinter dem Palace of the Governors. Die indianischen Händler (www.swaia.org) unter den Arkaden des Palace bieten eine bunte Auswahl an Kunsthandwerk, darunter Silber- und Türkisschmuck, Sandgemälde und Webteppiche.

Weiter westlich präsentiert das **New Mexico Museum of Art** 3 (107 W. Palace Ave., Tel. 505/476-5072, www.mfasantafe.org, Di–Do, Sa/So 10–17, Fr 10–10 Uhr) Kunst des Südwestens aus dem 20./21. Jh. Es ist in einem Adobegebäude von 1917 im Stil des *Pueblo-Revival* untergebracht. Sein Turm ist der Missionskirche im Acoma Pueblo nachempfunden.

TOP TIPP In der Johnson Street 217 ist seit 1997 das **Georgia O'Keeffe Museum** 4 (Tel. 505/946-1000, www.okeeffemuseum.org, Di–Do, Sa/So 10–17, Fr 10–10 Uhr) ansässig. Es zeigt Gemälde, Aquarelle, Zeichnungen und Skulpturen der Malerin, die zu den berühmtesten Künstlern New Mexicos zählt [s. S. 118].

Östlich der Plaza streben die Türme der **Cathedral of St. Francis of Assisi** 5 (tgl. 6–18 Uhr) empor, der ersten Kathed-

Lasst Blumen sprechen – im Georgia O'Keeffe Museum sieht man, wie die Künstlerin Licht und Magie ihrer Wahlheimat porträtiert hat

rale im Westen der USA. 1851 sandte der Papst Erzbischof *Jean Baptiste Lamy* aus, um den katholischen Glauben im Wilden Westens zu verbreiten. Mit dem 1869–86 errichteten neoromanischen Gotteshaus setzte man einen deutlichen Kontrast zu den Adobegebäuden der Umgebung. Erzbischof Lamy liegt unter dem Hauptaltar begraben, seine Statue steht vor der Kirchenfassade.

Das gegenüberliegende **Institute of American Indian Arts Museum** 6 (108 Cathedral Pl., Tel. 505/983-1777, www.iaiancad.org, Mo–Sa 10–17, So 12–17 Uhr) präsentiert die umfangreichste Sammlung indianischer Gegenwartskunst in den USA, ergänzt durch Werke aus der Kunstakademie.

Der Old Santa Fe Trail führt über den Santa Fe River zur **Misión de San Miguel of Santa Fe** 7 (401 Old Santa Fe Trail, Mo–Sa 9–17, So 9–16 Uhr) am Südrand der Altstadt. Die dicken Adobemauern und hohen Fenster der 1680 weitgehend zerstörten und 30 Jahre später wieder aufgebauten Kirche sind typisch für den wehrhaften, festungsartigen Baustil nach der Pueblorevolte.

Östlich der Kirche zweigt vom Paseo de Peralta die **Canyon Road** 8 ab, eine

Reisereportage aus einer anderen Zeit – die Geschichte des Südwestens rankt sich um Handelsstraßen, Planwagen und Postkutschen

Planwagen – Vehikel des Wohlstands

Ein halbes Jahrhundert lang zählte der **Santa Fe Trail** zu den wichtigsten Überlandrouten der USA. Der **Handelsweg** wurde im Jahre 1821 angelegt, als sich die politische Landschaft Amerikas mit der Unabhängigkeit Mexikos von Spanien grundlegend veränderte. Anstelle des spanischen Isolationismus, der Verbindungen in die USA eher behinderte, nahm Mexiko jetzt vermehrt Kontakt mit dem Nachbarn auf. Schließlich waren die Handelswege von Nuevo México nach Osten wesentlich kürzer als über den 2400 km langen El Camino Real in den Süden nach Mexico City.

Bereits 1821 wagte sich **William Becknell** als erster Händler mit Mulis auf den 1400 km langen Weg von **Franklin** in Missouri nach Santa Fe. Die nächste Überlandfahrt unternahm er im Folgejahr mit mehreren Packwagen über den **Cimarron Cutoff**, der als schnellere Planwagenroute größere Wirtschaftlichkeit versprach. Ausgangspunkt des Trails wurde später die florierende Hafenstadt **Independence** am Missouri River (heute Großraum Kansas City).

Der Handel mit Nuevo México entwickelte sich in den folgenden Jahren zu einer wahren **Goldgrube**. Er brachte zahllose angloamerikanische Kaufleute und Siedler in die Region und öffnete das Land dem US-Einfluss. Mit der Einverleibung Nuevo Méxicos in die USA 1848 und dem darauf folgenden Siedlerzustrom gewann der Santa Fe Trail nochmals an Gewicht. Aber schon in den 1870er-Jahren verkürzte sich die Planwagenroute mit jedem neuen Schienenstrang der westwärts strebenden **Eisenbahnlinien**. Mit dem Anschluss von Santa Fe an das Schienennetz 1880 verlor der Trail vollends an Bedeutung.

Zu den Höhepunkten in der überreichen Museumslandschaft von Santa Fe gehören die Exponate des Institute of American Indian Arts Museum

Einkaufsstraße mit schönen Geschäften und eine Fundgrube für Kunst und Kunsthandwerk. Das dazugehörige Wohnviertel ist wegen seiner Lage am Santa Fe River das begehrteste der Stadt.

Weiter südlich folgen zwei sehenswerte Museen an der **Milner Plaza** 9. Volkskunst aus aller Welt, Masken und Textilien präsentiert das **Museum of International Folk Art** (706 Camino Lejo, Tel. 505/476-1200, www.moifa.org, Juni–Aug. tgl. 10–17, Di–So 10–17 Uhr). Seine Kollektion hispanischer Exponate gehört zu den besten der USA. Das ausgezeichnete **Museum of Indian Arts and Culture** (710 Camino Lejo, Tel. 505/476-1250, www.miaclab.org, Di–So 10–17 Uhr) widmet sich den Indianerkulturen des Südwes-

An einem Porträt seines Besuchers scheint der Meister nicht zu arbeiten, oder? – Santa Fes Künstlergemeinde hat sich rund um die Canyon Road etabliert

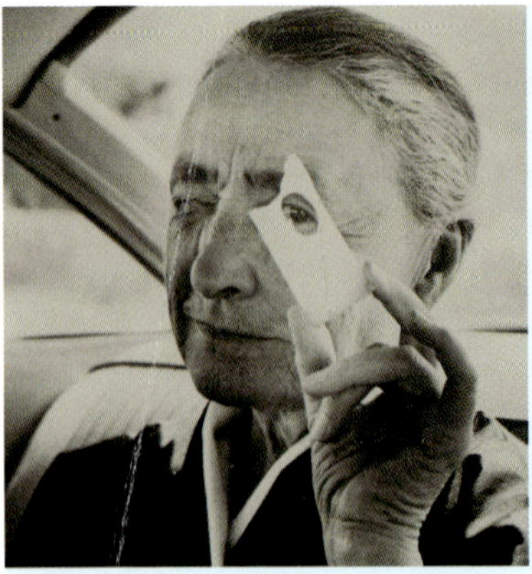

Eat Art – Georgia O'Keeffe und ein Stück Käse im Jahr 1960

Magische Bilder von Blüten und Bergen

Die aus Wisconsin stammende Künstlerin **Georgia O'Keeffe** (1887–1986) begann ihre Karriere als Gebrauchsgrafikerin, wandte sich dann aber der **Malerei** zu. Im Mittelpunkt ihres Werkes stand die abstrahierende Umsetzung von Natureindrücken und Stimmungen. Ihre Übersiedlung nach **New Mexico** 1929 – sie lebte zunächst den Sommer über in Taos und auf der Ghost Ranch, ab 1949 permanent in dem Adobedorf Abiquiu 80 km nordwestlich von Santa Fe – bedeutete eine Fülle neuer **Inspirationen**. Licht und Farben, aber vor allem die exotischen Landschafts- und Pflanzenformen wurden zu zentralen Themen ihrer Gemälde.

Angeregt durch Makrofotografie begann sie, die Fauna in faszinierender Nahsicht in einer Serie von **Blumengemälden** wie ›Black Hollyhock with Blue Larkspur‹ (1929) und ›Jimson Weed‹ (1932) wiederzugeben. Die monumentalisierten ausschweifenden Formgebilde, etwa der Blick in einen überdimensionalen Blütenkelch, vermitteln ein magisch-sinnliches Naturerlebnis. Indem sie das Dasein der Dinge ins Surreale transponierte, entwickelte O'Keeffe eine eigene Variante des **magischen Realismus**. Auch in der Hommage an ihre neue Heimat, z.B. in **Landschaftsbildern** wie ›Rust Red Hills‹ (1930), ›Red Hills and Pedernal‹ (1936) und ›Canyon Country‹ (1964), entfaltete die Malerin mit ihrer symbolträchtigen Formensprache eine ganz eigene Magie. Einen repräsentativen Querschnitt ihres **Œuvre**, zu dem auch Aquarelle, Zeichnungen und Skulpturen gehören, zeigt das Georgia O'Keeffe Museum von Santa Fe [s. S. 115].

tens und ihrem Kunsthandwerk (z.B. Korbflechten, Malerei und Webarbeiten). Hervorragend ist die Sammlung der bis zu 1600 Jahre alten Töpferwaren.

El Rancho de las Golondrinas (10) (334 Los Pinos Rd., I-25 Ausfahrt 276, www.golondrinas.org, Juni–Sept. Mi–So 10–16 Uhr) in La Cienega 24 km südlich von Santa Fe war einst der letzte Zwischenstopp auf dem nach Santa Fe führenden El Camino Real. Heute ist es ein sehenswertes *Freilichtmuseum* mit historischen Gebäuden, Kapellen und Gerätschaften aus allen Teilen New Mexicos. Traditionell gekleidete Darsteller lassen das Alltagsleben und Handwerk der früheren Bewohner wieder lebendig werden.

i Praktische Hinweise

Information

Santa Fe Convention & Visitors Bureau, 60 E. San Francisco St., Santa Fe, Tel. 505/955-62 00, Tel. 800/777-24 89, Fax 505/984-22 05, www.santafe.org

Hotels

*****Inn and Spa at Loretto**, 211 Old Santa Fe Trail, Santa Fe, Tel. 505/988-55 31, Tel. 800/727-55 31, Fax 505/984-79 68, www.innatloretto.com. Fantastisch verschachteltes Adobehotel im Pueblostil.

*****La Fonda**, 100 E. San Francisco St., Santa Fe, Tel. 505/982-55 11, Tel. 800/523-50 02, Fax 505/988-29 52, www.lafondasantafe.com. Das 1922 erbaute charmante Adobehotel an der Plaza ist stilvoll mit Kunstwerken des Südwestens dekoriert.

Restaurant

TOP TIPP **Coyote Café**, 132 W. Water St., Santa Fe, Tel. 505/983-16 15, www.coyotecafe.com. Das beliebte Lokal im Zentrum ist ein Trendsetter der modernen Südweststaatenküche. Bei Sonnenschein speist man sehr schön auf der luftigen Dachterrasse.

40 Taos

Berühmte Künstlerkolonie mit stimmungsvollem Pueblo aus dem Mittelalter.

Zwischen dem Rio Grande und den Sangre de Cristo Mountains liegt auf dem 2100 m hohen, breiten Taos Plateau nördlich von Santa Fe ein faszinierendes Städtchen, das mit vollem Namen **Don Fernando de Taos** (5000 Einw.) heißt. Es besteht aus dem Zentrum mit der einladenden Plaza, dem kleinen südlich gelegenen Dorf *Ranchos de Taos* mit der beeindruckenden Missionskirche San Francisco de Asis und dem *Taos Pueblo* im Norden, eines der ältesten durchgehend bewohnten Pueblos in den USA.

Das klare Licht und nicht zuletzt der hier herrschende hispanisch-indianisch-angloamerikanische Kulturmix ziehen seit Jahrzehnten Maler, Zeichner, Bildhauer und Schriftsteller, Musiker und Kunsthandwerker an. Zu den berühmtesten zählten die Malerin **Georgia O'Keeffe** und der Schriftsteller **D. H. Lawrence**. Die Künstlergemeinde wurde schließlich ergänzt durch die Hippies der 1970er- und die Yuppies der 1990er-Jahre. Unablässige Touristenströme runden heute das pittoreske Bild ab.

Franziskaner besuchten erstmals 1598 das Taos Pueblo. 1619 errichteten sie dort unter Leitung von Pater Pedro de Miranda die **Misión de San Gerónimo**. Als die Indianer zwölf Jahre später Miranda und zwei Soldaten ermordeten, gründeten die Europäer um die heutige Plaza von Taos eine eigene Siedlung. Nach ruhigeren Jahren organisierte 1680 der Medizinmann Popé die **Pueblorevolte**, die auf zahlreiche andere Indianerdörfer übergriff und die Spanier aus Nuevo México vertrieb. Erst 16 Jahre später konnten sie unter Gouverneur *Don Diego de Vargas* das Taos Pueblo zurückerobern.

Als der 1821 selbstständig gewordene Staat Mexiko die Grenzen seiner Provinz Nuevo México zu den USA öffnete, wurde Taos zum bedeutenden **Handelszentrum** der amerikanischen Trapper, Indianer und Händler. *Mountain Men* wie Christopher ›Kit‹ Carson erkundeten von hier aus die Bergwildnis der Rocky Mountains und jagten dort Pelztiere. Die **zweite Pueblorevolte**, von Spaniern und Indianern gemeinsam ausgeführt, erfolgte 1847, ein Jahr nachdem sich die USA Nuevo México einverleibt hatten. Die Indianer ermordeten Gouverneur *Charles Bent*, ergaben sich aber wenig später der US-Armee, die den Aufstand schließlich mit Kanonenschüssen auf Taos Pueblo niederschlug.

In Ranchos de Taos – Stilleben mit Rinderschädeln, wie sie O'Keeffe gemalt hat

Wie in vielen indianisch-hispanisch geprägten Orten ist in Taos die von Gebäuden im Adobestil gerahmte **Plaza** seit Jahrhunderten der Mittelpunkt städtischen Lebens. Ringsherum laden unter den Arkaden Kunstgalerien, Souvenirgeschäfte, Boutiquen und Restaurants zum Bummeln und Verweilen ein.

Das **Blumenschein Home and Museum** (222 Ledoux St., Tel. 575/758-05 05, www.taosmuseums.org, Mai–Okt. tgl. 9–17 Uhr, sonst kürzer), ein schönes Adobehaus von 1797, liegt südwestlich der Plaza. Neben Originalmobiliar beherbergt es auch Gemälde von Ernest L. Blumenschein, von seiner Tochter Helen und von anderen lokalen Künstlern. Blumenschein kam 1898 in den Ort, wurde Sprecher der Künstlerkolonie und war 1915 Mitbegründer der Taos Society of Artists.

Im **Kit Carson Home and Museum** (113 E. Kit Carson Rd., www.kitcarsonhome.com, Mai–Okt. tgl. 9–17 Uhr, sonst kürzer) wohnte Christopher ›Kit‹ Carson bis zu seinem Tode 1868. Er hatte das südöstlich der Plaza gelegene hübsche Adobehaus 1843 anlässlich seiner Hochzeit mit Josefa Jaramillo gekauft. Der oft als Westernheld beschriebene Carson war 1826 als Teenager in die Stadt gekommen. Seinen Lebensunterhalt verdiente er zunächst als Trapper und Scout von Armee-Expeditionen, später wurd er Colonel. Kit war es auch, der 1863/64 im Canyon de Chelly über die Navajo siegte [s. S. 63].

Über den Camino del Pueblo erreicht man das 4 km nordöstlich gelegene **Taos Pueblo** (Tel. 575/758-1028, www.taospueblo.com, Mo–Sa 8–17.30, So ab 8.30 Uhr). Es ist das nördlichste der 19 Pueblos New Mexicos. Am Spätnachmittag erstrahlt das malerische Dorf in einem *Goldton*, der schon die 1540 durchziehenden spanischen Entdecker glauben machte, sie hätten eine der sagenumwobenen ›Sieben goldenen Städte von Cibola‹ gefunden.

Das um 1300 entstandene und heute von rund 150 Menschen bewohnte Dorf besteht aus zwei mehrstöckigen, verschachtelten **Adobebauten**, dem Nord- und dem Südhaus. Die Einwohner des von der UNESCO 1992 zum Weltkulturerbe erklärten Ortes leben vielfach noch nach traditionellen Sitten, auch wenn das Verzicht auf Elektrizität und fließendes Wasser bedeutet. Immerhin haben viele Wohnungen jetzt wenigstens große Türen und müssen nicht mehr über Leitern vom Dach her betreten werden.

Die an der Plaza gelegene Adobekirche **San Gerónimo** von 1850 ersetzte das von US-Truppen drei Jahre zuvor im Puebloaufstand zerstörte Gotteshaus. Im Inneren sind traditionelle indianische Wandgemälde zu sehen.

Trotz Vorbehalten ist das *Fotografieren* im Pueblo, außer bei Festen wie den San

Samtige Struktur – die Oberflächenreize der Adobearchitektur verdeutlicht die Fassade der Casa Vieja in Santa Fe

Kubische Schönheiten liegen im Trend

Die Stadtarchitektur von Santa Fe und Taos wird geprägt vom **Pueblostil**, der auf die mehrstöckigen Terrassenbauten der Puebloindianer zurückgeht [s. S. 108]. Die **kubischen** Bauelemente sind in altbewährter Manier verschachtelt neben- und übereinander gesetzt. Sie werden charakterisiert durch glatte Wände mit kleinen Fenster- und Türöffnungen, sanft gerundete Ecken und flache Dächer mit **Vigas**, Holzbalken, die über die Außenwand hinausragen. Im Inneren einer solchen Anlage befindet sich häufig ein von verandaähnlichen Gängen umgrenzter schattiger Innenhof.

Unverzichtbar sind die energieeffizienten, dicken **Adobewände**, die im Sommer die Kühle und im Winter die Wärme speichern. Die aus einem luftgetrockneten Mix von Schlamm, Lehm und Stroh hergestellten **Adobeziegel** gaben der Bautechnik den Namen. Die erdfarbenen **Fassaden** werden allerdings von der Witterung leicht angegriffen und müssen deshalb alljährlich mit einer neuen Außenschicht versehen werden, damit sie nicht abbröckeln.

Der Pueblostil kam ab 1910 wieder in Mode und wurde in den 1920er-Jahren als **Pueblo-Revival** in New Mexico und Arizona insbesondere für Schulen, Hotels und Wohnhäuser favorisiert. Bekannte Beispiele sind das **Museum of Fine Arts** (1917) und das **La Fonda Hotel** (1922) in Santa Fe. Später wurde es noch einmal still um die Lehmarchitektur. Erst in der zweiten Hälfte des 20. Jh. sorgten Modetrends und städtebauliche **Verordnungen** wie in Santa Fe für ein Wiederaufleben des klassischen Pueblostils, auch wenn die modernen Häuser oft nur äußerlich den Adobebauten gleichen, im Inneren jedoch mit Beton konstruiert sind.

Ruhige Farbharmonien im Taos Pueblo – für moderne Wohnanlagen vorbildlich ist die aufgelockerte Bauweise der verschachtelten Adobedörfer

Geronimo Days Ende September, mit einer Zusatzgebühr erlaubt. Moderne Zeiten herrschen auch vor den Toren des Dorfes, wo das von den Indianern betriebene Spielkasino gute Profite abwirft.

Westlich des Pueblos zeigt das **Millicent Rogers Museum** (1504 Millicent Rogers Rd., Tel. 575/758-24 62, www.millicentrogers.org, April–Okt. tgl. 10–17 Uhr, sonst Mo geschl.) die berühmte schwarze Keramik der Töpferin *Maria Martinez*, Kachinapuppen, Türkis- und Silberschmuck der Hopi, Navajo und Zuni sowie hispanische Kirchenkunst. Die Kunstmäzenin Millicent Rogers hatte sich 1947 in Taos niedergelassen und diese vorzügliche Sammlung aufgebaut.

An der Plaza von **Ranchos de Taos** (südlich an der SR 68) erhebt sich die 1772–1816 errichtete *Misión de San Francisco de Asís* (Mo–Sa 9–16.30 Uhr). Dicke Adobemauern, zwei Glockentürme und mächtige Stützpfeiler vereinigen sich in dieser wohl schönsten hispanischen Kirche des Südwestens zu einem eleganten, harmonischen Bild, das seit jeher Maler und Fotografen fasziniert.

16 km nordwestlich der Stadt an der US Hwy 64 überspannt die mit 200 m dritthöchste **Brücke** der USA die Schlucht des Rio Grande. Taos ist übrigens auch populärer Startpunkt für Wildwassertouren auf dem Fluss. *Far Flung Adventures* (Tel. 800/359-26 27, www.farflung.com) veranstaltet z. B. halbtägige Floßfahrten und bis zu dreitägige Expeditionen.

i Praktische Hinweise

Information

Taos County Chamber of Commerce, 108 F Kit Carson Rd., Taos, Tel. 575/751-88 00, Tel. 800/732-82 67, Fax 575/751-88 01, www.taoschamber.com

Hotels

*****Casa Benavides**, 137 Kit Carson Rd., Taos, Tel. 575/758-17 72, Tel. 800/552-17 72, Fax 575/758-57 38, www.taos-casabenavides.com. Elegant-gemütliche Frühstückspension im spanischen Stil.

TOP TIPP ****St. James Hotel**, Hwy 21, Cimarron, 85 km östlich von Taos, Tel. 505/376-26 64, Tel. 866/472-50 19, Fax 505/376-26 23, www.stjamescimarron.com. In diesem zweigeschossigen Adobehotel von 1873 mit Einschuss-

Wie in guten alten Zeiten sitzen Gäste im Restaurant des Fosters Hotel von Chama gemütlich hinter dem Ofen

löchern aus der Wildwestära haben schon Jesse James, Wyatt Earp und Buffalo Bill übernachtet. 14 Zimmer im historischen Trakt.

***The Abominable SnowMansion**, 476 Hwy 150, Arroyo Seco, Tel. 575-776-82 98, Fax 575/776-21 07, www.abominable snowmansion.com. Übernachten im Adobehaus oder im indianischen Tipi.

Restaurant

Doc Martin's Restaurant, Taos Inn, 125 Paseo del Pueblo Norte, Taos, Tel. 575/758-22 33, Tel. 888/518-82 67, www.taosinn.com. Moderne Küche des Südwestens im gemütlich-historischen Ambiente nahe der Plaza.

41 Chama

Mit der Schmalspureisenbahn durch die Rocky Mountains.

Das im nördlichen New Mexico auf 2400 m Höhe gelegene Städtchen Chama (1200 Einw.) verdankt seine Entstehung dem Silberboom Ende der 1870er-Jahre im benachbarten Colorado. Bereits ab 1880 war der Ort Station auf der *San Juan Extension* der Denver & Rio Grande Railroad.

Top Tipp

Seit 1925 mit denselben Lokomotiven dampft die **Cumbres & Toltec Scenic Railroad** (www.cumbrestol tec.com), die mit 103 km längste Schmalspureisenbahn in den USA, über den **Cumbres Pass** (3055 m), durch die wilde Toltec-Schlucht und über die Staatsgrenze New Mexico/Colorado. Besonders schön präsentieren sich die Ber-

Auf zu neuen Horizonten – vom Panoramadeck der Cumbres & Toltec Scenic Railroad können die Passagiere die Landschaft grenzenlos genießen

Reizvoller Kontrast – die mächtigen Sanddünen des Great Sand Dunes National Park branden wie riesige Wellen an grüne Ufer

ge in der ersten Oktoberhälfte, wenn sich die Blätter der Zitterpappeln (*Aspen*) golden färben. Während der sechsstündigen Bahnfahrt von Chama nach **Antonito** (Ende Mai–Mitte Okt., tgl. 10 Uhr ab Chama und Antonito, Tel. 888/286-2737; für die Fahrt warm anziehen!) wird auf halber Strecke in Osier (Colorado) ein Zwischenstopp mit Zugwechsel eingelegt. Der Rückweg dauert mit dem Pendelbus nur 1 Std. Alternativ wählt man die kürzere Bahnvariante mit Hin- und Rückfahrt bis Osier.

i Praktische Hinweise

Hotel

****Fosters Hotel, Restaurant & Saloon**, 393 Terrace Ave., Chama, Tel. 505/756-2296, Fax 505/756-2775, www.fosters1881.com. 1881 erbautes, einfaches Hotel mit Saloon und originellem Restaurant in Bahnhofsnähe.

42 Great Sand Dunes National Park

Größter ›Sandkasten‹ Colorados.

Schon von weitem lassen sich die mit bis zu 230 m höchsten Sanddünen Nordamerikas ausmachen, die im Jahr 2000 zum Nationalpark deklariert wurden. Sie liegen zu Füßen der Sangre de Cristo Mountains, einem Gebirgszug der Rocky Mountains in Colorado. Die Great Sand Dunes verdanken ihre Entstehung dem **Rio Grande**, der südwestlich des heutigen Parks mehrfach sein Flussbett gewechselt und dabei mitgeführte Sedimente über die gesamte Breite des flachen **San Luis Valley** angeschwemmt hat. Von dem permanent blasenden Südwestwind werden die Sandkörnchen aus dem Tal geweht. Die schwereren lagern sich als Dünensand vor der Barriere der bis zu 4372 m aufragenden Sangre de Cristo Mountains ab, genauer gesagt vor dem niedrigsten Bergpass, dem *Medano Pass* (2950 m).

Die **Parkstraße** führt zum Ostende des Dünenfeldes, wo der aus den schneebedeckten Bergen kommende *Medano Creek* als Rinnsal in den Sandmassen versickert. Auf Höhe des Picknickplatzes beginnt der **Fußweg**, der erst an einer knöcheltiefen Furt den Bachlauf quert und dann zu den Dünen führt. Hier kann man nach Herzenslust den weit ausladenden **Dünenkamm** hinauf laufen. Lange bleiben die Spuren nicht erhalten, denn ständig gestaltet der Wind die 100 km² Dünenoberfläche neu, während die Basis durch die aus Regen und Schnee gelieferte Feuchtigkeit relativ stabil bleibt.

i Praktische Hinweise

Information

Visitor Center, Tel. 719/378-6399, Fax 719/378-6310, www.nps.gov/grsa

USA-Südwesten aktuell A bis Z

Vor Reiseantritt

ADAC Info-Service:
Tel. 018 05/10 11 12, Fax 018 05/30 29 28 (0,14 €/Min.)

ADAC-Mitglieder können ein **Tourset USA** anfordern mit Reiseinformationen, Übersichtskarten und einer Bonuskarte (*Show Your Card & Save*) des US-Partnerclubs AAA (www.aaa.com).

ADAC im Internet:
www.adac.de
www.adac.de/reisefuehrer

USA-Südwesten im Internet:
www.vusa-germany.de

Arizona, Colorado, New Mexico, Utah, c/o Get It Across, Neumarkt 33, 50667 Köln, Tel. 02 21/233 64 08 (Arizona), Tel. 02 21/233 64 07 (Colorado), Tel. 02 21/233 64 06 (New Mexico, Utah), Fax 02 21/233 64 50,
arizona@getitacross.de
colorado@getitacross.de
utah@getitacross.de

Las Vegas, c/o Mangum Management, Sonnenstr. 9, 80331 München, Tel. 089/23 66 21 62 (Las Vegas), 089/23 66 21 66 (Texas), Fax 089/260 40 09, think@mangum.de

Texas, Mangum Hills Balfour GmbH, Widenmayerstr. 32, 80538 München, Tel 089/23 23 26 50, Fax 089/232 32 65 29, texas@mangumhillsbalfour.eu

Allgemeine Informationen

Reisedokumente

Für die Einreise in die USA benötigt jeder Reisende einen maschinenlesbaren Reisepass, der mindestens für die Dauer des Aufenthaltes gültig ist sowie ein Rückreise- oder Weiterflugticket. Reisepässe, die vor dem 25. Okt. 2005 ausgestellt wurden, müssen ein digitales Lichtbild enthalten. Ab dem 26. Okt. 2006 ausgestellte Reisepässe müssen über biometrische Daten in Chipform verfügen (biometrische Pässe). Sollen Kinder visumfrei einreisen, muss für sie ein regulärer Reisepass ausgestellt werden. Kinderreisepässe, die vor dem 26. Okt. 2006 ausgestellt wurden, können derzeit noch für die visumfreie Einreise genutzt werden. Nicht mehr akzeptiert werden der Eintrag im Reisepass der Eltern bzw. Kinderreisepässe, die nach dem 26. Okt. 2006 ausgestellt wurden. Ab 12. Jan. 2009 müssen sich USA-Reisende ohne Visum bis spätestens 72 Std. vor Abflug über das Online-System ESTA (Electronic System for Travel Authorization, http://esta-usa.de) registrieren. Reisende müssen eine genaue Adresse angeben, wo sie sich in den USA aufhalten, sonst kann die Einreise verweigert werden. Von allen Reisenden werden bei der Einreise ein digitaler Abdruck des Zeigefingers und ein digitales Porträtfoto angefertigt. Bei Umsteigeverbindungen innerhalb der USA passiert man am ersten Ankunftsflughafen in den USA Pass- und Zollkontrolle mit allem Gepäck. Danach gibt man das Gepäck zum Weiterflug erneut auf. Ein Visum wird nur benötigt, wenn man sich länger als drei Monate in den USA aufhalten möchte. Abstecher von den USA nach Kanada und Mexiko sind visumfrei möglich. Erklären Sie bei einer vorübergehenden Ausreise aus den USA Ihre Rückkehrabsicht.

Sport, Spiel und Spannung im Südwesten der USA
Oben: *Die wahren Entdecker reisen heutzutage mit einem Wohnmobil (Sedona). Selbst die eifrigsten Mountainbiker legen am Monument Valley eine Rast ein.*
Mitte: *Ballonpassagiere besichtigen im Oktober die White Sands aus luftigen Höhen.*
Unten: *Lächeln bringt Glück – Croupierdamen am Strip von Las Vegas. Längst tragen nicht nur Häuptlinge den schönsten Indianerschmuck von Santa Fe*

Kfz-Papiere

Grundsätzlich genügt der nationale Führerschein, zusätzlich wird der Internationale Führerschein empfohlen.

Krankenversicherung und Impfungen

Für Reisen in die USA ist eine Auslandskrankenversicherung unerlässlich, da die heimischen gesetzlichen Krankenversicherungen ärztliche Behandlungskosten in Übersee nicht übernehmen. Vor Ort zahlt man mit Kreditkarte oder Reiseschecks und erhält zu Hause den verauslagten Betrag nach Einreichung der Quittung(en) zurückerstattet. Bei teuren Behandlungen übernimmt die Versicherungsgesellschaft per Fax/Tel. die sofortige Kostendeckung. Vor Versicherungsabschluss sollte man sich über mögliche Leistungsausschlüsse bei Vorerkrankungen, chronischen Krankheiten sowie über die Altershöchstgrenze etc. informieren.

Zollbestimmungen

In die USA kann man pro Person zollfrei Geschenke im Wert von 100 $ sowie 200 Zigaretten oder 50 Zigarren und 1 l alkoholische Getränke einführen. Die Einfuhr von frischen Lebensmitteln, Pflanzen, landwirtschaftlichen Erzeugnissen, Waffen und Pornografie ist verboten.

Auf dem Rückflug nach Europa liegen die Zollfreigrenzen pro Person bei 200 Zigaretten oder 100 Zigarillos oder 50 Zigarren oder 250 g Rauchtabak, 50 g Parfüm, 1 l Spirituosen mit mehr oder 2 l Spirituosen mit weniger als 22 % Alkohol. Dazu können Mitbringsel im Wert von max. 175 € kommen.

Geld

Die nationale Währung ist der US-Dollar ($, USD), unterteilt in 100 Cents (c). Es gibt Geldscheine zu 1, 5, 10, 20, 50 und 100 $ sowie Münzen zu 1 c (*Penny*), 5 c (*Nickel*), 10 c (*Dime*) und 25 c (*Quarter*).

Für den Reisealltag in den USA hat sich die Kombination aus Kreditkarte, Reiseschecks (in einer Stückelung von 50 $) und Bargeld am besten bewährt. Mit Geldscheinen bis max. 20 $ und ausreichend Münzen für die zahlreichen Automaten kommt man unterwegs ausgezeichnet zurecht.

Die gängigen **Kreditkarten** (VISA, Mastercard, AmEx) werden von allen Hotels, den meisten Restaurants, Geschäften und Tankstellen angenommen, von Autovermietern meistens sogar verlangt. Telefonische Reservierung von Eintrittskarten, Fahrscheinen, Zimmern etc. ist oft nur unter Angabe der Kreditkartennummer möglich. **EC/Maestro-Karten** können zur Bargeldabhebung an Geldautomaten (ATM) benutzt werden. Mit auf US-Dollars ausgestellten **Reiseschecks** kann man in den USA wie mit Bargeld bezahlen.

Tourismusämter im Land

Arizona Office of Tourism, 1110 W. Washington St., Phoenix, AZ 85007, Tel. 602/364-37 00, Tel. 866/275-58 16, Fax 602/364-37 01, www.azot.com

Colorado, 1625 Broadway, Denver, CO 80202, Tel. 303/892-38 85, Tel. 800/265-67 23, Fax 303/892-38 48, www.colorado.com

Nevada, 401 N. Carson St., Carson City, NV 89701, Tel. 775/687-43 22, Tel. 800/638-23 28, Fax 775/687-67 79, www.travelnevada.com

New Mexico Department of Tourism, 491 Old Santa Fe Trail, Santa Fe, NM 87501, Tel. 505/8 27-74 00, Tel. 800/733-63 96, Fax 505/827-74 02, www.newmexico.org

Texas, 1700 N. Congress Ave., Austin, TX 78701, Tel. 5 12/936-01 00, Tel. 800/888-88 39, Fax 512/936-04 50, www.traveltex.com

Utah Travel Council, Council Hall, Capitol Hill, 300 N. State St., Salt Lake City, UT 84114, Tel. 801/538-10 30, Tel. 800/882-43 86, Fax 801/538-13 99, www.utah.com

Die **State Welcome Centers**, die an den wichtigsten Fernverkehrsstraßen hinter dem Übergang in einen neuen Bundesstaat liegen, halten umfangreiches touristisches Informationsmaterial bereit.

Notrufnummern

Polizei, Feuerwehr, Ambulanz: Tel. 911

Operator/Telefonvermittlung: Tel. 0 (Auskunft, auch Hilfe in Notfällen)

AAA Pannenhilfe: Tel. 800/222-43 57

ADAC Notrufstation USA/Kanada: Tel. 888/222-1373 (deutschsprachig)

ADAC Notrufzentrale München: Tel. 011 49/89/22 22 22 (rund um die Uhr)

ADAC Ambulanzdienst München: Tel. 011 49/89/76 76 76 (rund um die Uhr)

Österreichischer Automobil-, Motorrad- und Touring Club
ÖAMTC Schutzbrief-Nothilfe: Tel. 011 43/(0)1/251 20 00, www.oeamtc.at

Touring Club Schweiz
TCS Zentrale Hilfsstelle: Tel. 011 41/(0)2 24 17 22 20, www.tcs.ch

Verlust von Zahlungsmitteln

Western Union, Tel. 800/325-60 00, www.westernunion.com. Telegrafischer Bargeldtransfer innerhalb weniger Minuten.

American Express: Tel. 800/554-26 39, **American Express Reiseschecks:** Tel. 800/221-72 82

Mastercard: Tel. 800/622-77 47

VISA: Tel. 800/847-29 11

Automobilclub

Bei der **AAA** (American Automobile Association, www.aaa.com), kurz *Triple A* genannt, erhalten ADAC-Mitglieder gegen Vorlage ihres Mitgliedsausweises kostenlos Landkarten der Bundesstaaten (*State Maps*), Stadtpläne (*City Maps*) und *Tour Books* mit ausführlichen Restaurant- und Hotelverzeichnissen.

AAA Büros: Albuquerque, 10501 Montgomery Blvd. – N.E. Durango, 2007 Main Ave.; El Paso, 655 Sunland Park Dr. – Las Vegas, 3312 W. Charleston Blvd. – Phoenix, 3144 N. 7th Ave. –Santa Fe, 1644 St. Michael's Dr. – St. George/Utah, 691 E. St. George Blvd. – Tucson, 8204 E. Broadway

Diplomatische Vertretungen

Deutschland

Botschaft der USA, Neustädtische Kirchstr. 4–5, 10117 Berlin, Tel. 030/238 51 74, Fax 030/238 62 90, www.usembassy.de, Visa-Informationen, Tel. 09 00/185 00 55 (1,76 €/Min.), Fax 030/831 49 26

Österreich

Botschaft der USA, Boltzmanngasse 16, 1090 Wien, Tel. 01/313 39 0, Fax 01/310 06 82, www.usembassy.at

Schweiz

Botschaft der USA, Sulgeneckstr. 19, 3007 Bern, Tel. 031 357 70 11, Fax 031 357 72 80, http://bern.usembassy.gov

Botschaften in den USA

Deutsche Botschaft/German Embassy, 4645 Reservoir Rd. NW, Washington, DC 20007, Tel. 202/298-40 00, Fax 202/298-42 49, www.germany.info

Deutsches Generalkonsulat, 6222 Wilshire Blvd., Los Angeles, CA 90048, Tel. 323/930-27 03, Fax 323/930-28 05, losangeles@germany.info

Österreichische Botschaft/Austrian Embassy, 3524 International Court NW, Washington, DC 20008, Tel. 202/895-67 00, Fax 202/895-67 50, www.austria.org

Österreichisches Generalkonsulat, 11859 Wilshire Blvd., Los Angeles, CA 90025, Tel. 310/444-93 10, Fax 310/477-98 97, los-angeles-gk@bmaa.gv.at

Schweizer Botschaft/Swiss Embassy, 2900 Cathedral Ave. NW, Washington, DC 20008, Tel. 202/745-79 00, Fax 202/387-25 64, www.swissemb.org

Schweizer Generalkonsulat, 11766 Wilshire Blvd., Los Angeles, CA 90025, Tel. 310/575-11 45, Fax 310/575-19 82, los.vertretung@eda.admin.ch

Besondere Verkehrsbestimmungen

In den USA gelten strikte **Tempolimits**, im Allgemeinen max. 75 Meilen pro Stunde (*miles per hour*, mph) = 121 km/h auf den Überlandautobahnen (*Interstates*), 55 mph (88 km/h) auf Landstraßen (*County Roads*), 25–30 mph (40–48 km/h) innerorts, 15 mph (24 km/h) vor Schulen.

An **Straßen** unterscheidet man Autobahnen (*Interstates*, I), überregionale Bundesstraßen (*US Highways*, US), Staatsstraßen (*State Routes*, SR) und Landstraßen (*County Roads*, CR). Autobahnausfahrten können auch von der linken Fahrspur abzweigen, zudem ist das **Überholen** auf der rechten Seite erlaubt. In Kurven, an Kreuzungen und kurz vor einer Anhöhe ist das Überholen grundsätzlich verboten. **Ampeln** arbeiten ohne die Signalfarbe Gelb. Wenn es der Verkehr erlaubt, darf man bei Rot nach kurzem Stopp rechts abbiegen, es sei denn, der Hinweis *No turn on red* verbietet dies. Bei Stoppschildern mit dem Zusatz *4-Way-Stop* halten Verkehrsteilnehmer aller Richtungen kurz an, bevor sie der Reihenfolge ihrer Ankunft nach weiter fahren.

An Bushaltestellen und Hydranten gilt **absolutes Parkverbot**, ebenso an roten Bordkanten. Gelb-schwarze Streifen markieren Ladezonen. Sehr streng nimmt man es auch mit den **Tow Away Zones**, jedes hier geparkte Fahrzeug wird rigoros abgeschleppt. **Schulbusse** mit seitlich ausgefahrenem Stoppschild und eingeschalteter Warnblinkanlage dürfen in keiner Fahrtrichtung passiert werden.

Alkoholische Getränke müssen im Kofferraum verstaut werden. Die **Promillegrenze** liegt bei 0,8. Im Falle einer **Polizeikontrolle** bleibt man im Auto sitzen. Man öffnet das Wagenfenster, lässt die Hände sichtbar am Lenkrad und wartet auf die Anweisungen des Polizeibeamten.

Gesundheit

In den Supermarkt- und Drugstore-Regalen findet sich eine große Auswahl an rezeptfreien Arzneimitteln und Naturheilprodukten. Rezeptpflichtige Arzneimittel gibt es nur in speziellen, zumeist den großen Supermärkten oder Drugstores angeschlossenen Pharmacies. Wichtige Medikamente sollte man auf jeden Fall von zuhause mitnehmen, da europäische Produkte unter Umständen nicht in gleicher Rezeptur oder Dosierung in den USA existieren.

Maße und Gewichte

1 inch (in.) = 2,54 cm
1 foot (ft.) = 12 in. = 30,48 cm
1 yard (yd.) = 3 ft. = 91,44 cm
1 mile (mi.) = 1760 yd. = 1,609 km
1 fluid ounce (fl.oz.) = 29,57 ml
1 pint (pt.) = 16 fl.oz. = 0,47 l
1 quart (qt.) = 2 pt. = 0,95 l
1 gallon (gal.) = 4 qt. = 3,79 l
1 ounce (oz.) = 28,35 g
1 pound (lb.) = 16 oz. = 453,59 g

Sicherheit

Besucher sollten grundsätzlich stets Umsicht walten lassen, Pässe, Tickets und Wertsachen im Hotel-Safe verwahren sowie keine großen Mengen Bargeld mit sich herumtragen. In ländlichen Gebieten, in den Naturparks und den belebten Großstadtzentren ist die Gefährdung durch Kriminalität eher gering, was aber keineswegs zu Unachtsamkeit verleiten sollte. Auch ist zu beachten, dass sich nach Einbruch der Dunkelheit die Verhältnisse schnell ändern können, und man sollte entsprechende Warnungen in jedem Fall ernst nehmen. In Großstädten wechselt der Charakter von Straßenzügen manchmal innerhalb weniger Meter. Noble Wohngebiete können fast nahtlos in desolate Viertel übergehen. Hier heißt die Devise im Zweifelsfalle immer rechtzeitig umkehren. Nach Einbruch der Dunkelheit sollte man keine Spaziergänge durch einsame Stadtviertel oder Parks machen. Für Fahrten in unbekannte Gegenden sollte man ein Taxi nehmen.

Stromspannung

Die USA verfügen über ein 110-Volt-Netz, an dem europäische Elektrogeräte nur funktionieren, wenn man zusätzlich einen Spannungsumschalter und einen Adapter für die amerikanischen Steckdosen (Amerikastecker) verwendet.

Zeit und Datum

Der Südwesten gehört zur **Mountain Time Zone** (MEZ minus 8 Std.), d. h. um 12 Uhr mittags in Phoenix ist es in Mitteleuropa bereits 20 Uhr. Nur Nevada liegt in der **Pacific Time Zone** (MEZ minus 9 Std.). **Sommerzeit** (*Daylight saving time*, DST) gilt vom 2. So im März bis zum 1. So im Nov. Lediglich Arizona außerhalb der Navajo Reservation stellt die Uhren im Sommer nicht um.

Uhrzeiten werden von 1 bis 12 angegeben, der Zusatz a.m. (ante meridiem) steht für vormittags, p.m. (post meridiem) für die zweite Tageshälfte. Beim Datum wird erst der Monat, dann der Tag und dann das Jahr angegeben, z. B. steht 09/06/09 für den 6. Sept. 2009.

Anreise

Flugzeug

Die Verbindungen auf der Transatlantikroute von Europa in die USA sind ausgezeichnet. Die Flughäfen von *Las Vegas* und *Phoenix* stehen nach Passagieraufkommen derzeit an 14. bzw. 17. Stelle weltweit, sie werden von allen großen Airlines bedient. Ab Frankfurt fliegt Condor nonstop nach Las Vegas. Lufthansa fliegt nach Las Vegas und Phoenix.

McCarran International Airport Las Vegas, Tel. 702/261-5211, www.mccarran.com

Phoenix Sky Harbor International Airport, Tel. 602/273-3300, www.phoenix.gov/AVIATION

Bei Umsteigeverbindungen passiert man am ersten Ankunftsflughafen in den USA Pass- und Zollkontrollen. Danach gibt man das abgeholte Gepäck zum Weiterflug erneut auf.

Bank, Post, Telefon

Bank

Öffnungszeiten: in der Regel Mo–Fr 9–17 Uhr. Euro und andere Währungen tauscht man am besten schon zu Hause in US-Dollars.

Post

Öffnungszeiten: in der Regel Mo–Fr 9–17, Sa 9–12 Uhr, Tel. 800/275-8777, www.usps.com

Supermarkt mal ganz anders – das schöne Santa Fe rühmt sich des originalsten aller Trading Posts des Südwestens

Telefon

Internationale Vorwahlen
USA 001
Deutschland 01149
Österreich 01143
Schweiz 01141

Es folgt die Rufnummer mit Vorwahl, ggf. ohne die 0.

Auskunft: 411
Operator: 0 (Vermittlung, Hilfe, Notfälle)
International Operator: 00

Die Telefonnummern in den USA bestehen aus einer dreistelligen *Vorwahl* (Area code) und einer siebenstelligen Rufnummer. Bei *Ortsgesprächen* wählt man die siebenstellige Rufnummer ohne Vorwahl. Bei *Ferngesprächen* innerhalb der USA wählt man zunächst die 1, gefolgt von Vorwahl und Rufnummer. Eine Computerstimme nennt dann die Gesprächsgebühren.

Rufnummern mit den Vorwahlen 800, 877 und 888 sind gebührenfrei (*Toll free*). Die Vorwahl 700 ist nicht gebührenfrei, sondern meist extrem teuer.

Auf Tastentelefonen stehen über den Ziffern 2–9 folgende **Buchstaben:** 2 = ABC, 3 = DEF, 4 = GHI, 5 = JKL, 6 = MNO, 7 = PQRS, 8 = TUV, 9= WXYZ. Damit umschreiben Firmen ihre Telefonnummern, z. B. lautet der Notruf des Automobilclubs AAA: 800/AAA-HELP = 800/222-4357.

Die öffentlichen Telefone (Pay phones) funktionierenin den USA meist bargeldlos mit Telefon- oder Kreditkarte. Viele Supermärkte, Tankstellen usw. verkaufen günstige Telefonkarten (Prepaid phone cards), die mit 800-Nummer und Zugangscode funktionieren.

Ein in Europa erworbenes Handy (Cell Phone, Mobile phone) muss ein Mehrband-Mobiltelefon sein, um in den USA zu funktionieren (siehe Produktbeschreibung bzw. Info beim Netzbetreiber). Allerdings gelten für Gespräche, SMS usw. im Ausland recht hohe Tarife. Wer mit seinem Handy die preiswerten Prepaid phone cards benutzen möchte, sollte sich vor Abreise beim eigenen Netzbetreiber erkundigen, ob er mit seinem Handy in den USA 800er-Nummern kostenlos anwählen kann.

Einkaufen

Öffnungszeiten

In den USA gibt es keine gesetzlich geregelten Ladenschlusszeiten. Supermärkte haben gewöhnlich tgl. 7–22 Uhr geöffnet, manche sogar rund um die Uhr. Die Öffnungszeiten von Shopping Malls sind in der Regel Mo–Sa 10–21, So 10–18 Uhr.

Malls und Outlet Centers

Höhepunkte der amerikanischen Shopping-Kultur sind die großen Einkaufszentren, **Malls** genannt. **Outlet Centers** (Direktverkauf ab Hersteller) sind Fundgruben für Schnäppchenjäger und werben mit Nachlässen von bis zu 70 %. Insbesondere bei Markenjeans, Freizeit- und Sportbekleidung sowie Parfüm sind attraktive Sonderangebote zu finden.

Zur Beachtung: Vor dem Kauf sollte man prüfen, ob *Elektrogeräte* auch mit 220 Volt funktionieren. *DVDs* mit der Ländercode-Nummer 1 können außerhalb der USA nur eingeschränkt abgespielt werden.

Freundliche Einladung zum Schlemmen – die temperamentvolle Cuisine des Südwestens hat alles zu bieten, was das Herz eines Feinschmeckers begehrt

Tortillas, Chilischoten und Co.

Neben bekannten US-amerikanischen Spezialitäten wie Hamburger oder Steaks bietet die Küche des Südwestens – beeinflusst durch das Nachbarland – hervorragende mexikanische Gerichte. Zu jeder Mahlzeit gibt es **Tortillas**. Die dünnen Teigfladen werden als **Enchiladas** (aus Maismehl) oder **Burritos** (aus Weizenmehl) mit Zwiebeln, Käse, Bohnen, Tomaten, Rind- oder Hühnerfleisch und Chili gefüllt. Frittierte Burritos heißen **Chimichangas**, zusammengeklappt und angebraten nennt man sie **Quesadillas**.

Tacos sind krosse Maistortillas, gefüllt mit Fleisch, Salat, Zwiebeln und Tomaten. Die etwas kleineren Chips kennt man als **Tostadas** oder mit Beilagen wie Guacamole oder saurer Sahne als **Nachos**.

Ebenfalls köstlich schmecken **Carne asada**, geröstete bzw. gegrillte Fleischstreifen, und **Huevos rancheros**, Eier mit Chili und Käse auf einer Maistortilla. Dazu isst man **Refritos**, gebratenes Bohnenpüree, oder **Salsa**, eine besonders würzige Sauce aus frischen Chilis, Tomaten und Zwiebeln.

Die **Ristras**, lange Ketten mit aufgefädelten, leuchtend roten **Chilischoten**, zieren viele Geschäfte. Die Pfefferschoten sind unverzichtbarer Bestandteil der lokalen Küche. Es gibt sie in verschiedenen Varianten, von den milden Sorten bis zu den höllisch scharfen **Chiles jalapeños** oder **habañeros**.

Lautet der Code hingegen auf 2 (Europa) oder 0 (worldwide), können die Silberlinge problemlos auf europäischen Wiedergabegeräten benutzt werden.

Souvenirs

Unter den Arkaden des *Palace of the Governors* in Santa Fe bieten Indianer auf einem der interessantesten Märkte im Südwesten attraktives **Kunsthandwerk** wie Silber- und Türkisschmuck, Sandgemälde, Webteppiche, Skulpturen oder Töpferwaren. Zahlreiche Bilder und **Keramiken** ziert das beliebte Motiv des buckeligen Flötenspielers *Kokopelli*, der bereits in Petroglyphen und Felsmalereien aus vorkolumbischer Zeit auftaucht.

Die wohl bekannteste Handelsniederlassung Arizonas, der 1883 erbaute *Hubbell Trading Post*, (www.nps.gov/hutr), steht in der *Navajo Indian Reservation* bei Ganado. In den Gebäuden des heutigen *National Historic Site* verkaufen Navajo u. a. **Silberschmuck** und hochwertige **Decken**. Einige Museen, wie das *Museum of Northern Arizona* in Flagstaff oder das *Indian Pueblo Cultural Center* in Albuquerque, offerieren in ihren ausgezeichneten Museumsshops indianische Kunst, z. B. **Kachina-Puppen** der Hopi.

Ideale Mitbringsel aus dem Wilden Westen sind **Cowboystiefel** und **Cowboyhüte**, Ledergürtel etc. Westernstädte wie Tombstone bieten diesbezüglich eine reiche Auswahl. In El Paso findet sich in den Outlets texanischer Stiefelproduzenten manches Sonderangebot.

Steuern

Bis auf Benzin sind alle Waren und Dienstleistungen netto ausgezeichnet. Zur Rechnungssumme kommen je nach Bundesstaat 2,9–6,5% Umsatzsteuer *(Sales tax)* hinzu. Städte dürfen zusätzliche Prozentpunkte aufschlagen und Restaurantmahlzeiten bzw. Übernachtungen extra besteuern.

Essen und Trinken

Frühstück

Morgens wird zum reichhaltigen **American Breakfast** nach Wunsch Rührei *(Scrambled egg)*, einseitig *(Sunny side up)* oder zweiseitig *(Overeasy)* gebratenes Spiegelei serviert. Dazu gibt es würzige Bratwürstchen *(Sausages)*, Speckstreifen *(Bacon)* oder Schinken *(Ham)* sowie Bratkartoffeln *(Hash browns)*, Toast mit Marmelade *(Jam)* oder Pfannkuchen mit Sirup *(Pancakes with syrup)*. Kaffee wird immer kostenlos nachgeschenkt *(Refill)*.

Dagegen nimmt sich das **Continental Breakfast**, Kaffee, Toast mit Marmelade, gelegentlich Joghurt und Cornflakes, geradezu mager aus.

Abendessen

Die Hauptmahlzeit des Tages ist nicht das Mittagessen *(Lunch)*, sondern das **Dinner** am Abend. Bittet am Eingang eines Restaurants ein Schild *Please wait to be seated*, wartet man, bis die Bedienung (*Waiter* oder *Waitress*) einem zum Tisch führt. Zu jedem Essen wird Eiswasser serviert. Niemand hat etwas dagegen, wenn man sich damit begnügt. Wasser und Eistee *(Ice tea)* werden kostenlos nachgefüllt *(Refill)*. Die **Portionen** sind in der Regel sehr üppig. Wenn etwas übrigbleibt, lässt man sich die Reste in eine *Doggie bag* einpacken. Selbst in sehr guten Restaurants ist das durchaus üblich.

Alkohol

In den USA ist es verboten, in der Öffentlichkeit Alkohol zu konsumieren. Dasselbe gilt auch für das Gebiet von Indianerreservationen, in denen alkoholische Getränke überhaupt nicht verkauft werden dürfen. An *Jugendliche unter 21 Jahren* wird kein Alkohol abgegeben. Weine und Biere findet man in Supermärkten, hochprozentige Spirituosen oft nur in *Liquor stores*, wobei die Regelungen je nach Bundesstaat stark variieren. Nur Restaurants mit spezieller Lizenz *(Licensed restaurants)* schenken Berauschendes aus.

Trinkgeld

Trinkgelder *(Tips, Gratuities)* sind für Bedienungen die Haupteinnahmequelle und nicht in der Rechnung *(Check)* enthalten. Deshalb gibt man meist 15% des Rechnungsbetrags. Das Geld bleibt auf dem Tisch liegen oder der Posten wird auf dem Kreditkartenbeleg eingetragen.

In Hotels erwartet das Zimmermädchen *(Room maid)* 1–2$ pro Übernachtung, der Page *(Bellhop)* 1$ pro getragenem Gepäckstück und der Parkwächter *(Parking attendant)* 1–2$ für das Parken des Wagens. Auch Taxifahrer *(Cab drivers)* erhalten Trinkgeld, ca. 15% des Fahrpreises.

Feiertage

1. Jan. (*New Year's Day*), 3. Mo im Jan. (*Martin Luther King Jr. Birthday*), 3. Montag im Februar (*Washington's Birthday*), letzter Mo im Mai (*Memorial Day*/Heldengedenktag), 4. Juli (*Independence Day*/Unabhängigkeitstag), erster Mo im Sept. (*Labor Day*/Tag der Arbeit), zweiter Mo im Okt. (*Columbus Day*), 11. Nov. (*Veterans' Day*), vierter Do im Nov. (*Thanksgiving Day*), 25. Dez. (*Christmas Day*).

Festivals und Events

Februar

Tucson (Arizona): Anfang Febr. findet der 16-tägigen *Tucson Gem, Mineral and Fossil Showcase* (www.tucsonshowguide.com) statt, die größte Edelstein- und Mineralienbörse der USA.

Mai

Phoenix (Arizona): *Cinco de Mayo Festival*. Eindrucksvolle Fiesta um den 5. Mai, einem mexikanischen Feiertag, mit kulturellen Aktivitäten, feuriger Musik und gutem Essen in Downtown.

Juni

Flagstaff (Arizona): *Route 66 Regional Chili Cook-off* (www.chilicookoff.com) Festival Mitte des Monats mit Wettbewerb im Chili-Kochen, Livemusik, Autoshow etc.

Augenweide – beim Pow Wow in Sedona sieht man fantasievolle Kostümkreationen

Juli

Prescott (Arizona): *Frontier Days & World's Oldest Rodeo* (www.worldsoldest rodeo.com). Zum Independence Day am 4. Juli veranstaltet jeder Ort Paraden, Feuerwerke etc. In Prescott ziehen zudem ein bedeutendes Rodeo und viel Entertainment ein großes Publikum an.

Cedar City (Utah): *Pioneer Day* (www.scenicsouthernutah.com). Den Staatsfeiertag von Utah am 24. Juli begeht man im ganzen Bundesstaat mit Umzügen und festlichen Veranstaltungen.

Durango (Colorado): *Music in the Mountains* (www.musicinthemountains.com). Das dreiwöchige Klassik-Festival ›Musik in den Bergen‹ genießt schon seit Jahren höchste Popularität.

August

Santa Fe (New Mexico): *Santa Fe Indian Market* (www.swaia.org/market.php). In der zweiten Augusthälfte präsentieren über 1200 *Native Americans* Schmuck, Körbe, Kachinapuppen, Sandgemälde, Webteppiche etc.

September

Acoma (New Mexico): *Harvest Dance & San Esteban Feast Day* (www.acomasky city.org). Am 2. Sept. findet das Fest zu Ehren des hl. Stephan, des Schutzheiligen von Acoma, statt.

Albuquerque (New Mexico): *New Mexico State Fair*. In der Monatsmitte lockt zwei Wochen lang das größte Festival in New Mexico Hunderttausende Besucher zu Landwirtschaftsschau, Kirmes und Industriemesse, Country & Western-Konzerten, Rodeo und Pferderennen.

El Paso (Texas): *Southwestern International PRCA Rodeo* (www.elprodeo.com). Sechstägiges Rodeo Mitte Sept.

Taos (New Mexico): *San Geronimo Day* (www.taospueblo.com). Am letzten Wochenende finden bunte Feiern zu Ehren des Schutzpatrons von Taos Pueblo statt.

Oktober

Albuquerque (New Mexico): *Albuquerque International Balloon Fiesta* (www.aibf.org). Anfang Okt. treffen sich über 700 Ballonfahrer zum zehntägigen Ballonfestival, dem größten der Welt.

Tombstone (Arizona): *Helldorado Days* (www.helldoradodays.com). Am dritten Wochenende geht es rund mit Pistolenduell-Stunts, Tanz, Musik und Paraden.

Dezember

Las Vegas (Nevada): *National Finals Rodeo* (www.nfrexperience.com). In einem zehntägigen Finale Anfang des Monats ermitteln die Rodeoprofis die landesweit Besten der Besten.

Klima und Reisezeit

Das Klima im Südwesten weist ausgeprägte regionale Unterschiede auf. Im **Winter** ist der Südwesten Arizonas die mit Abstand sonnigste Region der USA. Im **Sommer** herrscht im nur 300 m hoch gelegenen Phoenix monatelang trockene Hitze. Wegen der niedrigen Luftfeuchtigkeit und der deutlichen nächtlichen Abkühlung lassen sich die hohen Temperaturen jedoch ganz gut ertragen. In Flagstaff, 220 km nördlich in über 2000 m Höhe auf dem Colorado Plateau gelegen, misst man sommers am Tag 27 °C, nachts 10 °C. Folgerichtig herrscht im südlichen Arizona von Dezember bis April **Hochsaison**, in den Nationalparks auf dem Colorado Plateau wiederum in den Sommermonaten bis zum September. In die nördlichen Nationalparks sollte man nicht zu früh fahren, die Straße zur Nordseite des Grand Canyon z. B. wird erst Mitte Mai vom Schnee geräumt und für den Verkehr freigegeben.

Temperaturen werden in Fahrenheit (°F) angegeben. Umrechnung:
°C = °F – 32 x 1,8
°F = °C + 32 x 1,8

°C	0°	10°	15°	20°	25°	30°	35°	40°
°F	32°	50°	59°	68°	77°	86°	95°	104°

Klimadaten Phoenix (Arizona)

Monat	Luft (°C) min./max.	Sonnen-std./Tag	Regen-tage
Januar	3/18	8	3
Februar	5/21	9	3
März	7/23	10	3
April	11/29	12	1
Mai	16/34	13	1
Juni	20/38	13	0
Juli	25/41	12	3
August	24/39	12	3
September	21/37	11	2
Oktober	14/31	10	2
November	7/24	9	2
Dezember	3/19	8	2

Klimadaten Las Vegas (Nevada)

Monat	Luft (°C) min./max.	Sonnen-std./Tag	Regen-tage
Januar	0/12	7	3
Februar	2/15	8	2
März	6/20	9	2
April	10/25	10	2
Mai	15/31	12	1
Juni	20/36	13	1
Juli	24/40	12	3
August	23/38	11	3
September	19/35	11	2
Oktober	12/27	10	2
November	4/18	8	2
Dezember	1/13	7	2

Kultur live

Klassische Musik steht auf dem Programm der **Phoenix Symphony** (75 N. Second St., Tel. 602-495-1999, Tel. 800/776-9080, www.phoenixsymphony.org) in der *Phoenix Symphony Hall* und bei den Gastspielen an verschiedenen Orten in Zentral-Arizona.

Die **Arizona Opera** (4600 N. 12th St., Phoenix, Tel. 602/266-7464, www.azopera.com) präsentiert ihr vielseitiges Opernprogramm von Rigoletto bis Don Giovanni in Phoenix und Tucson (3501 N. Mountain Ave., Tucson, Tel. 520/293-4336).

Das **Tucson Symphony Orchestra** (2175 N. Sixth Ave., Tel. 520/882-8585, www.tucsonsymphony.org) hat seine Spielstätte in der *Tucson Music Hall* und bringt Beethoven, Haydn oder Tschaikowsky zu Gehör.

Ob Falstaff oder Hochzeit des Figaro, die **Santa Fe Opera** (11 km nördlich der Stadt an der US Hwy 84/285, Shuttlebusse von Santa Fe und Albuquerque, Tel. 505-986-5900, Tel. 800/280-4654, www.santafeopera.org) bietet Opern in einem Freilichttheater mit überdachten Plätzen für mehr als 2200 Gäste.

Sport

Angeln

An den Seen, z.B. Lake Powell (www.pagelakepowelltourism.com) und Lake Mead (www.nps.gov/lame), gibt es ausgezeichnete Fischgründe. Zum Angeln benötigt man lediglich eine Lizenz (*Fishing license*) des jeweiligen Bundesstaates. Man erhält sie in Ausrüstungs- und Sportgeschäften bzw. in Country Stores.

Fahrradfahren

Der Südwesten bietet reichlich bergiges Terrain für Mountainbiker, z.B. den Slickrock Trail bei Moab (www.discovermoab.com/sandflats.htm), den anspruchsvollen White Rim Trail (www.nps.gov/cany) im Canyonlands National Park oder die Bergrouten um Durango. Der Slickrock Bike Trail liegt in der Sand Falts Recreation Area bei Moab. Ein Fahrrad kann man in beinahe jedem Ort leihen.

Golf

Golf ist im Südwesten ein Breitensport. Wie grüne Inseln in der kargen Wüste wirken die oft prachtvoll gestalteten Anlagen. Die *Greens* gehören zu Hotels oder Clubs, Besucher sind aber meist willkommen. Ausrüstung kann man in der Regel vor Ort mieten. Das Mekka der Golfer ist Arizona mit über 300 meistens ganzjährig bespielbaren Greens (Arizona Golf Association, www.azgolf.org).

Reiten

Als Heimat der Cowboys ist der Südwesten der USA Reiterland schlechthin. Entsprechend zahlreich sind die Angebote, auf einer Ranch ein Pferd zu mieten – sei es für stundenweisen Unterricht oder für mehrtägige Gruppenausflüge ins Umland.

Ob eintätige Mulíritte in den Grand Canyon (www.nps.gov/grca/planyourvisit/mule_trips.htm), einstündige Ausritte in den Bryce Canyon National Park (www.nps.gov/brca) oder mehrtägiger Aufenthalt auf einer noch im Betrieb befindlichen Working Ranch oder einer Ferien-Ranch (Dude ranch, www.duderanch.org).

Wandern

Die großartigen Naturparks des Südwestens durchzieht ein ausgezeichnetes Wegenetz. Man unterscheidet verhältnismäßig kurze Naturlehrpfade *(Nature trails)*, kürzere und längere Wanderwege *(Hiking trails)* oder Rucksackwanderwege *(Backpacking trails)*, zum Teil mit Übernachtung im unerschlossenen Hinterland *(Backcountry camping)*. Ein Nationalpark mit zahlreichen abwechslungsreichen Wanderwegen ist der Zion National Park (www.nps.gov/zion).

Wildwasserfahren

Besonders der Colorado River genießt bei Anhängern des *Whitewater Rafting* einen hervorragenden Ruf. Lees Ferry und Moab sind gute Ausgangspunkte für Fahrten durch Grand Canyon (www.nps.govgrca/planyourvisit/whitewater-rafting.htm) und Cataract Canyon. Auch Green River (Utah, www.utah.com/raft) und Rio Grande (New Mexico) besitzen aufregendes Wildwasser, das im Frühjahr mit unbändiger Kraft seinen Weg sucht.

Statistik

Lage: Der Südwesten der USA liegt zwischen dem Staatsgebiet von Mexiko im Süden und dem nördlichen Colorado Plateau in den Vereinigten Staaten von Amerika, das bis weit nach Utah und Colorado hinein reicht. Im Westen wird die Region durch den Colorado River begrenzt, lediglich Las Vegas liegt nordwestlich des Flusses und als einziges Ziel in Nevada. Im Osten endet die Region am Rio Grande, der mitten durch den Bundesstaat New Mexico fließt. El Paso liegt zwar bereits in Texas, zählt aber ebenfalls noch zum Südwesten.

Verwaltung: Der Südwesten umfasst den kompletten Bundesstaat Arizona (Hauptstadt: Phoenix), Teile von Colorado (Denver), New Mexico (Santa Fe) und Utah (Salt Lake City), sowie je eine Ecke von Nevada (Carson City) und Texas (Austin).

Wirtschaft: In Arizona spielt Hightech-Industrie mit einer Produktpalette von Elektronik bis zu Flugzeug- und Raketenbau eine bedeutende Rolle. Daneben schafft der Tourismus zahlreiche Arbeitsplätze im *Grand Canyon State*. Nevadas wichtigste Einnahmequelle sind seine Spielkasinos. Utah und Colorado besucht man wegen der großartigen Naturparks. Im industriearmen New Mexico kommen Dienstleistung und Handel große Bedeutung zu.

Bevölkerung: Nevada (2,6 Mio. Einw.) und Arizona (6,4 Mio. Einw.) sind die US-Bundesstaaten mit dem prozentual größten Bevölkerungswachstum, in Nevada stieg sie zwischen 2000 und 2007 um 27 %, in Arizona um 23 %. Sieht man man von den Großräumen Phoenix (4,2 Mio. Einw.), Las Vegas (1,9 Mio. Einw.), Tucson (970 000 Einw.), Albuquerque (835 000 Einw.) und El Paso (735 000 Einw.) ab, ist der übrige Südwesten spärlich bevölkert. Die größte Bevölkerungsgruppe sind *Weiße* (z. B. Utah 89 %, Colorado 83 %). *Hispanics*, also spanischsprachige Einwanderer lateinamerikanischer Abstammung, machen einen Bevölkerungsanteil zwischen 44 % in New Mexiko und 11 % in Utah aus. Der Anteil der *Indianer* (in den USA nur noch 1 %) ist am höchsten in New Mexico (9,7 %), gefolgt von Arizona (4,5 %), das Schlusslicht bildet Texas mit 0,5 % indigener Bevölkerung.

Unterkunft

Im Allgemeinen bereitet die kurzfristige Zimmersuche in den USA keine Schwierigkeiten, da genügend Übernachtungsquartiere vorhanden sind. Lediglich für die erste und letzte Nacht in den USA bzw. zu den Wochenenden um Memorial, Independence und Labor Day sollte man rechtzeitig Zimmer buchen, ebenso wie zur Hochsaison in den Nationalparks.

Bed & Breakfast

Bed & Breakfast (B & B) steht auch in den USA für Übernachtung mit Frühstück in kleinen privaten Gästehäusern. Viele B & Bs verfügen nur über Nichtraucherzimmer, einige Gästehäuser nehmen keine Kinder auf. Die Preise beginnen bei etwa 50 $, können aber für sehr gepflegte, mit Antiquitäten ausgestattete Häuser bedeutend höher liegen.

Camping

In den landschaftlich einzigartigen *National Parks*, *State Parks* und *National Forests* des Südwestens sind zahlreiche Campgrounds ausgewiesen. Die größte Campingplatzkette der Komfortklasse, KOA (Kampgrounds of America, Tel. 406/248-7444, www.koa.com.), bietet neben umfassend erschlossenen Wohnmobilplätzen (*Full hookup*) auch Übernachtungen in einfachen Blockhütten (Kamping Kabins).

Cottages und Cabins

Rustikale Blockhütten oder gemütliche kleine Ferienhäuschen für Selbstversorger sind eine preiswerte Unterkunft, wenn man sich länger an einem Ort aufhält. Die meisten sind durchaus komfortabel mit kleiner Küche, Essecke, Wohnzimmergarnitur und Schlafzimmer(n) ausgestattet.

Country Inns

Country Inns sind oft in historischen Häusern eingerichtet und ähneln kleinen Hotels. Ab ca. 80 $ wird in der Regel neben der Übernachtung Frühstück, zuweilen auch Dinner, geboten. Manche Country Inns verfügen nur über Nichtraucherzimmer.

Hotels und Motels

Die Bandbreite der Hotel- und Motelketten reicht von schlicht (z. B. Days Inn, Motel 6 oder TraveLodge) über Standard (z. B. Best Western, Hampton, La Quinta oder Ramada) bis zu luxuriös (z. B. Hilton, Hyatt oder Sheraton), die Preise beziehen sich im Allgemeinen auf zwei Personen im Doppelzimmer. Zusätzliche Übernachtungsgäste *(Extra person*, kurz *XP)* im Zimmer zahlen nur einen geringen Aufschlag. *ADAC-Mitglieder* erhalten in vielen Hotels **Rabatte**, wenn sie bei der Buchung nach *Triple A rates* des US-amerikanischen Automobilclubs AAA (ADAC Partner) fragen.

Jugendherbergen

Es gibt im Südwesten zwei Häuser des *Hostelling International USA* (www.hiusa.org). Sie stehen unabhängig vom Alter allen Gästen offen, doch wer keinen Internationalen Jugendherbergsausweis besitzt, zahlt etwas mehr. Auskunft:

Deutsches Jugendherbergswerk, Bismarckstr. 8, 32756 Detmold, Tel. 05231/74010, www.djh.de

Verkehrsmittel im Land

Bahn

Amtrak (Tel. 800/872-7245, www.amtrak.com) die Fernbahnlinie der USA, bedient den Südwesten auf den Strecken Chicago – Albuquerque – Flagstaff – Los Angeles sowie Houston – El Paso – Tucson – Los Angeles. Sitzplätze müssen rechtzeitig vor Fahrtantritt kostenlos reserviert werden. Über den preisgünstigen *Amtrak USA Rail Pass* informiert:

CRD International, Stadthausbrücke 1–3, 20355 Hamburg, Tel. 040/3006160, www.crd.de

Bus

Landesweit operiert die Busgesellschaft **Greyhound** (Tel. 800/231-2222, www.greyhound.com). Für Vielfahrer lohnt sich eventuell die Anschaffung eines Buspasses, z.B. *Discovery Pass, Ameripass* usw.

Im **öffentlichen Nahverkehr** werden überwiegend Busse eingesetzt. Man muss den Fahrpreis passend parat haben, da die Fahrer nicht wechseln.

Mietwagen und Wohnmobil

Mietwagen oder Wohnmobil sind ideal, um den Südwesten der USA zu erkunden. Wer bereits zu Hause einen Mietwagen oder ein Wohnmobil bucht, kann preisgünstige Komplettangebote nutzen. *ADAC-Mitglieder* können bei den ADAC-Geschäftsstellen oder über Tel. 01805/318181 (0,14 €/Min.) Wagen zu günstigen Konditionen mieten.

Vor Ort fallen dann nur noch wenige Kosten an, wie z. B. Gebühren für Fahrer unter 25 Jahren. Bei der Wagenübernahme werden Voucher (Gutscheine) des Reisebüros, Nationaler Führerschein, Reisepass und eine Kreditkarte verlangt. Alle Papiere müssen auf den Namen des Anmieters ausgestellt werden.

Auch das Angebot an **Wohnmobilen** ist hervorragend. *Cruise America* besitzt im Südwesten als einziger überregionaler Anbieter mit Albuquerque, Las Vegas und Phoenix drei Vermietstationen.

Taxi

Abends oder bei Fahrten in unbekannte Vororte sollte man aus Sicherheitsgründen statt öffentlicher Verkehrsmittel ein Taxi nehmen.

Sprachführer

Englisch für die Reise

Das Wichtigste in Kürze

Ja/Nein	*Yes/No*
Bitte sehr!	*Here you go!*
Danke	*Thank you!*
In Ordnung./Einverstanden.	*All right./Agreed.*
Entschuldigung!	*Excuse me!*
Wie bitte?	*Pardon?*
Ich verstehe Sie nicht.	*I don't understand you*
Ich spreche nur wenig Englisch.	*I only speak a little English.*
Können Sie mir bitte helfen?	*Can you help me, please?*
Das gefällt mir/ Das gefällt mir nicht.	*I like that/ I don't like that.*
Ich möchte ...	*I would like ...*
Haben Sie ...?	*Do you have ...?*
Gibt es ...?	*Is there ...?*
Wie viel kostet das?/ Wie teuer ist ...?	*How much is that?*
Kann ich mit Kreditkarte bezahlen?	*Can I pay by credit card?*
Wie viel Uhr ist es?	*What time is it?*
Guten Morgen!	*Good morning!*
Guten Tag!	*Good morning!/ Good afternoon!*
Guten Abend!	*Good evening!*
Gute Nacht!	*Good night!*
Hallo! Grüß Dich!	*Hello!/Hi!*
Wie ist Ihr Name, bitte?	*What's your name, please?*
Mein Name ist ...	*My name is ...*
Ich bin Deutsche(r).	*I am German.*
Ich bin aus Deutschland.	*I come from Germany.*
Wie geht es Ihnen?	*How are you?*
Auf Wiedersehen!	*Good bye!*
Tschüs!	*See you!*
gestern/heute/ morgen	*yesterday/today/ tomorrow*
am Vormittag/ am Nachmittag	*in the morning/ in the afternoon*
am Abend/ in der Nacht	*in the evening/ at night*
um 1 Uhr/ 2 Uhr ...	*at one o'clock/ at two o'clock ...*
um Viertel vor (nach) ...	*at a quarter to (past) ...*
um ... Uhr 30	*at ... thirty*
Minuten/Stunden	*minutes/hours*
Tage/Wochen	*days/weeks*
Monate/Jahre	*months/years*

Zahlen

0	*zero*	20	*twenty*
1	*one*	21	*twenty-one*
2	*two*	22	*twenty-two*
3	*three*	30	*thirty*
4	*four*	40	*forty*
5	*five*	50	*fifty*
6	*six*	60	*sixty*
7	*seven*	70	*seventy*
8	*eight*	80	*eighty*
9	*nine*	90	*ninety*
10	*ten*	100	*a (one) hundred*
11	*eleven*		
12	*twelve*	200	*two hundred*
13	*thirteen*	1 000	*a (one) thousand*
14	*fourteen*		
15	*fifteen*	2 000	*two thousand*
16	*sixteen*	10 000	*ten thousand*
17	*seventeen*	1 000 000	*a million*
18	*eighteen*	½	*a (one) half*
19	*nineteen*	¼	*a (one) quarter*

Wochentage

Montag	*Monday*
Dienstag	*Tuesday*
Mittwoch	*Wednesday*
Donnerstag	*Thursday*
Freitag	*Friday*
Samstag	*Saturday*
Sonntag	*Sunday*

Monate

Januar	*January*
Februar	*February*
März	*March*
April	*April*
Mai	*May*
Juni	*June*
Juli	*July*
August	*August*
September	*September*
Oktober	*October*
November	*November*
Dezember	*December*

Maße

Kilometer/Meile	*kilometre/mile*
Meter/Fuß	*metre/foot*
Zentimeter/Zoll	*centimetre/inch*
Pfund/Kilogramm	*pound/kilogramme*
Gramm/Unze	*gramme/ounce*
Liter/Gallone	*litre/gallon*

Unterwegs

Nord/Süd/West/ Ost	*north/south/west/ east*
geöffnet/ geschlossen	*open/ closed*
geradeaus/links/ rechts/zurück	*straight on/left/ right/back*
nah/weit	*near/far*
Wie weit ist es?	*How far is it?*
Wo sind die Toiletten?	*Where are the restrooms?*
Wo ist die (der) nächste ... Telefonzelle/ Bank/Post/ Polizeistation/ Geldautomat?	*Where is the nearest ... pay phone/ bank/post office/ police station/ automatic teller?*
Wo ist ... der Hauptbahnhof/ die U-Bahn/ der Flughafen?	*Where is the ... main train station/ subway station/ airport, please?*
Wo finde ich ein(e, en)? Apotheke/ Bäckerei/ Fotogeschäft/ Kaufhaus/ Lebensmittelgeschäft/ Markt?	*Where can I find a ... pharmacy/ bakery/ photo shop/ department store/ food store/ market?*
Ist das der Weg/ die Straße nach ...?	*Is this the way/ the road to ...?*
Gibt es einen anderen Weg?	*Is there another way?*
Ich möchte mit ... dem (der) Zug/Schiff/Fähre/ Flugzeug nach ... fahren.	*I would like to go to ... by ... train/ship/ferry/ airplane.*
Gilt dieser Preis für Hin- und Rückfahrt?	*Is this the round trip fare?*
Wie lange gilt das Ticket?	*How long will the ticket be valid?*
Wo ist ... das Tourismusbüro/ ein Reisebüro?	*Where is ... the tourist office/ a travel agency?*
Ich benötige eine Hotelunterkunft.	*I need hotel accommodation.*
Wo kann ich mein Gepäck lassen?	*Where can I leave my luggage?*
Ich habe meinen Koffer verloren.	*I lost my suitcase.*

Zoll, Polizei

Ich habe etwas/ nichts zu verzollen.	*I have something/ nothing to declare.*
Nur persönliche Dinge.	*Only personal belongings.*
Hier ist die Kaufbescheinigung.	*Here is the receipt.*
Hier ist mein ... Pass/ Personalausweis/ Kfz-Schein/ Versicherungskarte.	*Here is my ... passport/ ID card/ certificate of registration/ car insurance card.*
Ich fahre nach ... und bleibe ... Tage/Wochen.	*I'm going to ... to stay there for ... days/weeks.*
Ich möchte eine Anzeige erstatten.	*I would like to report an incident.*
Man hat mein(e, en)... Geld/ Tasche/ Papiere/ Schlüssel/ Fotoapparat/ Koffer/ Fahrrad gestohlen.	*They stole my ... money/ bag/ papers/ keys/ camera/ suitcase/ bicycle.*
Verständigen Sie bitte das/die Deutsche Konsulat/ Botschaft.	*Please contact the German consulate/ embassy.*

Freizeit

Ich möchte ein ... Fahrrad/ Motorrad/ Surfbrett/ Mountainbike/ Boot/ Pferd ... mieten.	*I would like to rent a ... bicycle/ motorcycle/ surf board/ mountain bike/ boat/ horse.*
Gibt es ein(en) Freizeitpark/ Freibad/ Golfplatz/ Strand ... in der Nähe?	*Is there a ... theme park/ outdoor swimming pool/ golf course/ beach ... in the area?*
Wann hat ... geöffnet?	*What are the opening hours of ...?*

Bank, Post, Telefon

Ich möchte Geld wechseln.	*I would like to change money.*
Brauchen Sie meinen Pass?	*Do you need my passport?*
Wo soll ich unterschreiben?	*Where should I sign?*
Ich möchte eine Telefonverbindung nach ...	*I would like to have a telephone connection with ...*
Wie lautet die Vorwahl für ...?	*What is the area code for ...?*
Wo gibt es ... Telefonkarten/ Briefmarken?	*Where can I get ... phone cards/ stamps?*

Tankstelle

Wo ist die nächste Tankstelle?	*Where is the nearest gas station?*
Ich möchte ...	*I would like ...*
Gallonen ...	*gallons of*
Super/Diesel / bleifrei.	*premium/diesel/ unleaded.*
Volltanken, bitte.	*Fill it up, please.*
Bitte, prüfen Sie ...	*Please check the ...*
den Reifendruck/	*tire pressure/*
den Ölstand/	*oil level/*
den Wasserstand/	*water level/*
das Wasser für die Scheibenwisch-anlage/	*water in the wind-screen wiper system/*
die Batterie.	*battery.*
Würden Sie bitte ...	*Would you please ...*
den Ölwechsel/	*change the oil/*
den Radwechsel vornehmen/	*change the tires/*
die Sicherung austauschen/	*change the fuse/*
die Zündkerzen erneuern/	*replace the spark plugs/*
die Zündung nachstellen?	*adjust the ignition?*

Panne

Ich habe eine Panne.	*My car has broken down.*
Der Motor startet nicht.	*The engine won't start.*
Ich habe die Schlüssel im Wagen gelassen.	*I left the keys in the car.*
Ich habe kein Benzin/ Diesel.	*I've run out of gas/ diesel.*
Gibt es hier in der Nähe eine Werkstatt?	*Is there a garage nearby?*
Können Sie mein Auto abschleppen?	*Could you tow my car?*
Können Sie mir einen Abschleppwagen schicken?	*Could you send a tow truck?*
Können Sie den Wagen reparieren?	*Could you repair my car?*
Bis wann?	*By when?*

Mietwagen

Ich möchte ein Auto mieten.	*I would like to rent a car.*
Was kostet die Miete ...	*How much is the rent ...*
pro Tag/	*per day/*
pro Woche/	*per week/*
mit unbegrenzter Meilen-Zahl/	*including unlimited miles/*
mit Kasko-versicherung/	*including compre-hensive insurance/*
mit Kaution?	*with deposit?*
Wo kann ich den Wagen zurückgeben?	*Where can I return the car?*

Unfall

Hilfe!	*Help!*
Achtung!/Vorsicht!	*Attention!/Caution!*
Rufen Sie bitte schnell ...	*This is an emergency, please call ...*
einen Krankenwagen/	*an ambulance/*
die Polizei/	*the police/*
die Feuerwehr.	*the fire department.*
Es war (nicht) meine Schuld.	*It was (not) my fault.*
Geben Sie mir bitte Ihren Namen und Ihre Adresse.	*Please give me your name and address.*
Ich brauche die Angaben zu Ihrer Autoversicherung.	*I need the details of your car insurance.*

Krankheit

Können Sie mir einen guten Deutsch sprechenden Arzt/ Zahnarzt empfehlen?	*Can you recommend a good German-speaking doctor/ dentist?*
Wann hat er Sprech-stunde?	*What are his office hours?*
Wo ist die nächste Apotheke?	*Where is the nearest pharmacy?*
Ich brauche ein Mittel gegen ...	*I need medication for ...*
Durchfall/	*diarrhea/*
Halsschmerzen/	*a sore throat/*
Fieber/	*fever/*
Insektenstiche/	*insect bites/*
Verstopfung/	*constipation/*
Zahnschmerzen.	*toothache.*

Hotel

Können Sie mir bitte ein Hotel/eine Pension empfehlen?	*Could you please recommend a hotel/ Bed & Breakfast?*
Ich habe bei Ihnen ein Zimmer reserviert.	*I booked a room with you.*
Haben Sie ein ...	*Do you have a ...*
Einzel-/Doppel-zimmer ...	*single/double room ...*
mit Dusche/ Bad/WC?	*with shower/ bath/bathroom?*
für eine Nacht/	*for a night/*
für eine Woche?	*for a week?*
Was kostet das Zimmer mit Frühstück/	*How much is the room with breakfast/*

mit zwei Mahlzeiten?	*with two meals?*
Wie lange gibt es Frühstück?	*How long will breakfast be served?*
Ich möchte um ... geweckt werden.	*Please wake me up at ...*
Wie ist hier die Stromspannung?	*What is the current voltage here?*
Ich reise heute abend/ morgen früh ab.	*I will depart tonight/ tomorrow morning.*
Haben Sie ein Faxgerät/ einen Internetzugang/ einen Hotelsafe?	*Do you have a fax machine/ internet access/ a hotel safe?*
Akzeptieren Sie Kreditkarten?	*Do you accept credit cards?*

Restaurant

Wo gibt es ein gutes/ günstiges Restaurant?	*Where is a good/ inexpensive restaurant?*
Die Speisekarte/ Getränkekarte, bitte.	*The menu/ the wine list, please.*
Ich möchte das Tagesgericht/Menü (zu…)	*I like the dish of the day (at ...).*
Welches Gericht können Sie besonders empfehlen?	*Which of the dishes can you recommend?*
Ich möchte nur eine Kleinigkeit essen.	*I only want a snack.*
Gibt es vegetarische Gerichte?	*Are there vegetarian dishes?*
Haben Sie offenen Wein?	*Do you serve wine by the glass?*
Welche alkoholfreien Getränke haben Sie?	*What kind of soft drinks do you have?*
Haben Sie Mineralwasser mit/ ohne Kohlensäure?	*Do you have mineral water/ still mineral water?*
Das Steak bitte ... englisch/medium/ durchgebraten.	*The steak ... rare/medium/ well-done, please.*
Kann ich bitte ... ein Messer/ eine Gabel/ einen Löffel haben?	*May I have ... a knife/ a fork/ a spoon, please?*
Die Rechnung/ Bezahlen, bitte.	*The bill, please.*

Essen und Trinken

Abendessen	*dinner*
Ananas	*pineapple*
Apfelkuchen	*apple pie*
Austern	*oysters*
Bier	*beer*
Birne	*pear*
Bratkartoffeln	*fried potatoes*
Brot/Brötchen	*bread/rolls*
Butter	*butter*
Eier mit Speck	*bacon and eggs*
Eiscreme	*ice-cream*
Erbsen	*peas*
Erdbeeren	*strawberries*
Essig	*vinegar*
Fisch	*fish*
Fleisch gedämpft, gebraten, gebacken, frittiert	*meat steamed, broiled, baked, fried*
Fleischsoße	*gravy*
Frühstück	*breakfast*
Geflügel	*poultry*
Gemüse	*vegetable*
Gurke	*cucumber*
Hähnchen	*chicken*
Honig	*honey*
Hummer	*lobster*
Jakobsmuscheln	*scallops*
Kaffee	*coffee*
Kalbfleisch	*veal*
Kartoffeln	*potatoes*
Kartoffelbrei	*mashed potatoes*
Käse	*cheese*
Kohl	*cabbage*
Kuchen	*cake*
Lachs	*salmon*
Lamm	*lamb*
Leber	*liver*
Maiskolben	*corn-on-the-cob*
Marmelade	*jam*
Mittagessen	*lunch*
Meeresfrüchte	*seafood*
Milch	*milk*
Mineralwasser	*mineral water*
Muschelsuppe	*clam chowder*
Obst	*fruits*
Öl	*oil*
Pfannkuchen	*pancakes*
Pfeffer	*pepper*
Pfirsiche	*peaches*
Pilze	*mushrooms*
Pommes frites	*french fries*
Reis	*rice*
Rindfleisch	*beef*
Rühreier	*scrambled eggs*
Sahne	*cream*
Salat	*salad*
Salatsoße	*salad dressing*
Salz	*salt*
Schinken	*ham*
Schlagsahne	*whipped cream*
Schweinefleisch	*pork*
Sekt	*sparkling wine*
Suppe	*soup*
Thunfisch	*tuna*
Truthahn	*turkey*
Vanillesoße	*custard*
Vorspeisen	*hors d'œuvres*
Wein (Weiß/Rot/Rosé)	*wine (white/red/rosé)*
Würstchen	*sausages*
Zucker	*sugar*
Zwiebeln	*onions*

ADAC Reiseführer – die besten, die wir je gemacht haben.

144 bzw. 192 Seiten, je Band 6,50 € (D), 6,70 € (A), 12,– sFr.

Ägypten
Algarve
Allgäu
Amsterdam
Andalusien
Australien
Bali & Lombok
Baltikum
Barcelona
Berlin
Bodensee
Brandenburg
Brasilien
Bretagne
Budapest
Bulg. Schwarzmeerküste
Burgund
City Guide Germany
Costa Brava & Costa Daurada
Côte d'Azur
Dänemark
Deutschland – Die schönsten Städtetouren
Dominikanische Republik
Dresden
Dubai, Vereinigte Arabische Emirate, Oman
Elsass
Emilia Romagna
Florenz
Florida
Franz. Atlantikküste
Fuerteventura
Gardasee
Golf von Neapel
Gran Canaria
Hamburg
Harz
Hongkong & Macau
Ibiza & Formentera
Irland
Israel
Istanbul 3/2009
Italienische Adria
Italienische Riviera
Jamaika
Kalifornien
Kanada – Der Osten
Kanada – Der Westen
Karibik
Kenia
Korfu & Ionische Inseln
Kreta
Kuba
Kroatische Küste – Dalmatien
Kroatische Küste – Istrien & Kvarner Golf
Kykladen
Lanzarote
Leipzig
London
Madeira
Mallorca
Malta
Marokko
Mauritius & Rodrigues
Mecklenburg-Vorpommern
Mexiko
München
Neuengland
Neuseeland
New York
Niederlande
Norwegen
Oberbayern
Österreich
Paris
Peloponnes
Piemont, Lombardei, Valle d'Aosta
Polen
Portugal
Prag
Provence
Rhodos
Rom
Rügen, Hiddensee, Stralsund
Salzburg
Sardinien
Schleswig-Holstein
Schottland
Schwarzwald
Schweden
Schweiz
Sizilien
Spanien
St. Petersburg
Südafrika
Südengland
Südtirol
Sylt
Teneriffa
Tessin
Thailand
Thüringen 3/2009
Toskana
Türkei – Südküste
Türkei – Westküste
Tunesien
Umbrien
Ungarn
USA – Südstaaten
USA – Südwest
Usedom
Venedig
Venetien & Friaul
Wien
Zypern

Weitere Titel in Vorbereitung.

ADAC Reiseführer Jubiläumsbände – Maxi-Umfang! Mini-Preis!

348 bzw. 450 Seiten, je Band 9,95 € (D), 10,25 € (A), 17,50 sFr.

Deutschland
Freizeitparadies Alpen
Italien

ADAC Reiseführer plus – Top-Reiseführer mit perfekten Urlaubskarten.

144 bzw. 192 Seiten, je Band 8,95 € (D), 9,20 € (A), 16,80 sFr.

Ägypten
Allgäu
Amsterdam
Andalusien
Australien
Baltikum
Barcelona
Berlin
Berlin (engl.)
Bodensee
Brandenburg
Budapest
Côte d'Azur
Dänemark
Deutschland – Die schönsten Autotouren
Dresden
Dubai
Elsass
Florenz 2/2009
Französische Atlantikküste
Fuerteventura
Gardasee
Gran Canaria
Golf von Neapel
Hamburg
Harz
Irland
Italienische Adria
Italienische Riviera
Kanada – Der Westen
Kanada – Der Osten
Kenia
Korfu/Ionische Inseln
Kreta
Kuba
Kroatische Küste – Dalmatien
Kroatische Küste – Istrien & Kvarner Golf
Leipzig
London
Madeira
Mallorca
Malta
Mecklenburg-Vorpommern
München
New York
Norwegen
Oberbayern
Österreich
Paris
Piemont und Lombardei 2/2009
Polen
Portugal
Prag
Rhodos
Rom
Rügen, Hiddensee, Stralsund
Salzburg
Sardinien
Schleswig-Holstein
Schwarzwald
Schweden
Schweiz
Sizilien
Spanien 2/2009
St. Petersburg
Südtirol
Südengland
Sylt
Teneriffa
Thailand
Toskana
Tunesien
Türkei – Südküste
Türkei – Westküste
Usedom
Venedig
Venetien 2/2009
Wien
Zypern

Weitere Titel in Vorbereitung.

ADAC Reiseführer Audio – umfassende Information und einzigartiges Hörerlebnis.

144 bzw. 192 Seiten, mit TourSet auf CD, 9,95 € (D), 10,25 € (A), 17,50 sFr.

Barcelona
Berlin
Dresden
Florenz 2/2009
Hamburg
Leipzig 2/2009
London
München
New York
Paris
Prag 2/2009
Rom
Wien

Weitere Titel in Vorbereitung.

Register

Impressum

Redaktionsleitung, Lektorat und Bildredaktion: Dr. Dagmar Walden
Karten: Mohrbach Kreative Kartographie, München
Herstellung: Martina Baur
Druck, Bindung: Stürtz GmbH, Würzburg
Printed in Germany

Ansprechpartner für den Anzeigenverkauf: Kommunalverlag GmbH & Co KG, MediaCenterMünchen, Tel. 089/92 80 96 44

ISBN 978-3-89905-522-1

Neu bearbeitete Auflage 2009

Bildnachweis

Umschlag-Vorderseite: Inbegriff der Westernromantik – das Monument Valley. Foto: Rainer Hackenberg, Köln

Titelseite
Oben: Großartige Felslandschaft des Bryce Canyon (Wh. von S. 48/49)
Mitte: Verheißungsvoll glitzert der Strip in Las Vegas (Bildagentur Huber, Garmisch-Partenkirchen/G. Simeone)
Unten: Pulverdampf und blaue Bohnen in den Straßen von Tombstone (Wh. von S. 92)

AKG, Berlin: 13, 14 (2), 56, 88, 96, 116, 118 – Colorado Tourism Office, Denver: 62 oben (Matt Inden/Weaver Multimedia Group) – E & B, Berlin: 69 – FAN travelstock, Hamburg: 78 (R. Großkopf) – Johannes Frangenberg, Solingen: 6/7, 85, 109 – Franz Marc Frei, München: 8 oben, 12, 33 unten, 37 – Hartmuth Friedrichsmeier, Hamburg: 57 (Pasdzior) – Rainer Hackenberg, Köln: 8 unten, 9 oben und Mitte, 10 unten, 21, 22 unten, 25, 26 oben und unten, 31, 33 oben, 34, 40, 41, 42, 48/49 oben, 50/51 oben, 51 unten, 52, 54, 58/59, 60, 62, 63, 64, 65, 66/67, 68 unten, 73, 74 unten, 76, 83, 86, 87 oben, 89 (2), 90 unten, 91, 92, 94, 97, 98, 105 unten, 107 (2), 108, 111 oben, 117 unten, 121, 122 (2), 124 Mitte, 129 (2) – Bildagentur Huber, Garmisch-Partenkirchen: 45 (Damm) – IFA Bilderteam, München: 28/29 (Krämer) – Holger Leue, Haunetal: 5 (2), 7 oben, 11 Mitte, 9 unten, 11 unten, 16/17, 23, 26 Mitte, 30, 32, 35, 36, 46, 47, 48 unten, 61, 68 Mitte, 71 oben, 82, 90 oben, 93 oben, 103, 104 oben, 110, 111 unten, 112, 113, 114, 115 (2), 117 oben, 119, 120, 123, 124 oben (2) und unten rechts, 127, 130 – Las Vegas News Bureau, Las Vegas: 4 unten, 10 oben, 11 oben, 15, 18/19, 21, 22, 23, 24, 25, Umschlagrückseite: Hotels – LOOK, München: 22 oben (Johaentges), 24 (Heeb), 39 (Dressler), 81 unten, 100 (Heeb), 101 (Dressler), 124 unten links (Johaentges) – mauritius images, Mittenwald: 81 oben (Bibikow), 87 unten (imagebroker) – Phoenix Convention Center, Phoenix: 79 – Hubert Stadler, München: 84 – Texas Tourism, Austin: 102 (Kenny Braun) – Heike Wagner, Duisburg: 53, 70, 71 unten, 72, 74 oben, 75 – Bernd Wagner, Duisburg: 80 oben, 93 unten, 95, 104 unten, 105 oben, 106, 132

Für Ihren Urlaub: Die Reisemagazine vom ADAC.

Alle zwei Monate neu.

www.adac.de/shop